SV

edition suhrkamp
Sonderdruck

Bruno Latour

Das terrestrische Manifest

Aus dem Französischen von Bernd Schwibs

Suhrkamp

Die französische Originalausgabe dieses Buches erschien 2017 unter dem Titel *Où atterrir? Comment s'orienter en politique* bei La Découverte (Paris).

6. Auflage 2025

Erste Auflage 2018
edition suhrkamp
Sonderdruck
Deutsche Erstausgabe

Umschlagabbildung: Illustration von duofluo – design graphique für die Ausstellung Globes. Architecture et sciences explorent le monde, Paris, Cité de l'architecture et du patrimoine, 10. November 2017 bis 26. März 2018.
Äußeres Bildmotiv: Blick auf das Kolumbus-Denkmal in Chicago, Zeichnung des nicht realisierten Projekts: Titelseite der Zeitschrift Scientific American, 1890.
Inneres Bildmotiv: Querschnitt durch den Colossal Globe Crystal Palace von Paul Langhammer, ebenfalls nicht realisiertes Projekt. Aus einer von Peter Roy herausgegebenen Broschüre, © Harvard Library, Loeb Design Library /NA 6930 C
Satz: Satz-Offizin Hümmer GmbH, Waldbüttelbrunn
Druck: CPI books GmbH, Leck
Umschlag gestaltet nach einem Konzept von Willy Fleckhaus: Rolf Staudt
Printed in Germany
ISBN 978-3-518-07362-9

Suhrkamp Verlag GmbH
Torstraße 44, 10119 Berlin
info@suhrkamp.de
www.suhrkamp.de

Inhalt

»We've read enough books.«
Jared Kushner[1]

1.

Dieser Essay verfolgt kein anderes Ziel, als ausgehend von der Wahl Donald Trumps am 8. November 2016 drei Phänomene miteinander zu verknüpfen, die von den Kommentatoren zwar schon ausgemacht, aber deren Zusammenhang nicht immer gesehen wurde – und folglich auch nicht die immense politische Energie, die aus ihrer Verbindung zu ziehen wäre.

Zu Beginn der neunziger Jahre, just nach dem »Sieg über den Kommunismus«, der im Fall der Berliner Mauer seinen symbolischen Ausdruck gewann – zu einem Zeitpunkt also, als so mancher wähnte, die Geschichte sei an ihr Ende gekommen[2] –, beginnt still und leise eine andere Geschichte.

Geprägt ist sie zunächst durch die sogenannte »Deregulierung«, mit der das Wort »Globalisierung« eine fortschreitend negative Bedeutung gewinnt; zugleich ist sie aber in allen Ländern auch der Beginn einer immer schwindelerregenderen Explosion der Ungleichheiten; schließlich, und das wird seltener hervorgehoben, setzt in jener Epoche die systematische Leugnung der Klimaveränderung ein (»Klima« hier verstanden im weiteren Sinn der Beziehungen der Menschen zu ihren materiellen Lebensbedingungen).

Dieser Essay schlägt vor, diese drei Phänomene als Symptome ein und derselben historischen Konstellation zu begreifen: Alles spricht dafür, dass ein gewichtiger Teil der führenden Klassen (heute recht vage als »Eliten« bezeichnet) zu dem Schluss gelangte, dass für ihn und für den Rest der Menschen nicht mehr genügend Platz vorhanden sei.

Folgerichtig entschied man, dass es nutzlos sei, vorzugeben, die Geschichte strebe weiter auf einen gemeinsamen Horizont zu, auf eine Situation, in der »alle Menschen« in gleichem Maße zu Wohlstand kommen würden. Seit den achtziger Jahren geht es den führenden Klassen nicht länger darum, die Welt zu führen, vielmehr suchen sie außerhalb dieser Welt Schutz. Die Folgen dieser Flucht, die in Donald Trump nur eines unter vielen Symbolen hat, haben wir zu tragen – wir, die wir angesichts einer fehlenden miteinander zu teilenden *gemeinsamen Welt* nahezu den Verstand verlieren.

Die hier vorgebrachte Hypothese lautet: Man versteht nichts von den seit fünfzig Jahren vertretenen politischen Positionen, wenn man die Klimafrage und deren Leugnung nicht ins Zentrum rückt. Ohne den Gedanken, dass wir in ein Neues Klimaregime eingetreten sind,[3] kann man weder die Explosion der Ungleichheiten, das Ausmaß der Deregulierungen, die Kritik an der Globalisierung noch, vor allem, das panische Verlangen nach einer Rückkehr zu den früheren Schutzmaßnahmen des Nationalstaats – was, sehr zu Unrecht, als »Aufstieg des Populismus« bezeichnet wird – verstehen.

Um sich dem Verlust an gemeinsamer Orientierung zu widersetzen, gilt es, irgendwo zu *landen*. Was die nicht minder bedeutsame Frage nach sich zieht: *Wie sich orientieren?* Und woraus folgt, dass wir so etwas wie eine *Karte* der Positionen entwerfen müssen, die uns durch diese neue Landschaft aufgezwungen werden, in der nicht nur die *Affekte*, sondern auch *das* neu bestimmt wird, *worum es* im öffentlichen Leben *geht*.

Die nachfolgenden, in einem bewusst sprunghaften Stil gehaltenen Reflexionen suchen zu eruieren, inwieweit bestimmte politische Emotionen auf neue Objekte hin kanalisiert werden können.

Der Autor, dem jegliche politikwissenschaftliche Kompetenz fehlt, kann den Leserinnen und Lesern lediglich die Gelegenheit bieten, seine Hypothese zu falsifizieren und nach neuen zu suchen.

2.

Den Unterstützern Donald Trumps ist zu danken, dass sie diese Fragen einer Klärung zuführten, indem sie ihn drängten, sich am 1. Juni 2017 vom Pariser Klimaabkommen zu verabschieden.

Was der Aktivismus von Millionen von Umweltschützern, die Alarmrufe Tausender Wissenschaftler, das Wirken Hunderter von Industrieller nicht geschafft haben, worauf die Aufmerksamkeit zu richten nicht einmal Papst Franziskus gelungen ist[4] – Trump ist es geglückt: Alle Welt weiß nun, dass die Klimafrage im Zentrum aller *geopolitischen* Streitpunkte liegt und dass sie in direktem Zusammenhang steht mit den Ungerechtigkeiten und Ungleichheiten.[5]

Mit seinem Rückzieher vom Abkommen hat er schließlich explizit wenn nicht einen Weltkrieg, so doch einen Krieg um die Festlegung des Schauplatzes der Operationen ausgelöst: »Wir Amerikaner gehören nicht zu derselben Erde wie ihr. Eure mag bedroht sein, unsre nicht!«

Damit sind die politischen und bald militärischen, jedenfalls aber existenziellen Konsequenzen dessen gezogen, was Bush Senior 1992 in Rio vorhergesagt hatte: »Our way of life is not negotiable!« Voilà, dann liegen die Dinge wenigstens klar: Das Ideal einer gemeinsamen, auch vom bisher so bezeichneten »Westen« geteilten Welt gibt es nicht mehr.

Erstes historisches Ereignis: der Brexit. Das Land,

das den unendlichen Raum des Marktes, zu Lande wie zu Wasser, erfunden und das die Europäische Union unaufhörlich dazu gedrängt hatte, sich in nichts anderes als ein riesiges Warenhaus zu verwandeln: Dieses Land beschließt angesichts der Ankunft einiger Zehntausender Flüchtlinge Hals über Kopf, aus dem Globalisierungsspiel auszusteigen. Einem seit Langem verschwundenen Empire nachjagend, sucht es sich von Europa zu lösen (um den Preis immer unlösbarerer Schwierigkeiten).

Zweites historisches Ereignis: der Wahlsieg Trumps. Das Land, das der Welt seine spezielle Variante der Globalisierung aufgezwungen hatte (und mit welcher Gewalt!); das Land, das sich – unter Auslöschung seiner Ureinwohner – als Einwandererland definiert hatte: Dieses Land legt sein Schicksal in die Hände eines Mannes, der verspricht, es in eine verbarrikadierte Festung zu verwandeln, der keine Flüchtlinge mehr hereinlassen, sich für keine Sache mehr einsetzen will, die sich nicht auf seinem eigenen Grund und Boden abspielt, und der doch weiterhin überall auf der Welt mit derselben hemmungslosen Rüpelhaftigkeit interveniert.

Dass jene, die noch vor Kurzem den systematischen Abbau der Grenzen gepredigt hatten, diese nun wieder attraktiv finden, ist bereits ein Anzeichen für das Ende einer bestimmten Auffassung von Globalisierung. Zwei der größten Länder der ehemaligen »freien Welt« verkünden den anderen: »Unsre Geschichte wird mit eurer nichts mehr zu tun haben; geht zum Teufel!«

Drittes historisches Ereignis: die Wiederaufnahme, Erweiterung, Ausweitung der Migrationen. In einem Augenblick, da jedes Land die vielfältigen Gefahren der Globalisierung zu spüren bekommt, müssen viele sich organisieren, um auf ihrem Boden Millionen von

Menschen – einige sprechen von Dutzenden von Millionen![6] – aufzunehmen, die durch die kumulativen Folgen von Kriegen, Fehlschlägen in der wirtschaftlichen Entwicklung und Klimaveränderung zur Suche nach einem für sie selbst und für ihre Kinder bewohnbaren Territorium getrieben werden.

Das Problem soll schon alt sein? Keineswegs, denn diese drei Phänomene stellen nur unterschiedliche Aspekte ein und derselben Metamorphose dar: *Die Vorstellung des Bodens selbst verändert sich grundlegend.* Der erträumte Boden der Globalisierung beginnt, sich zu entziehen. Darin liegt die ganze Neuheit dessen, was schamhaft »Migrationskrise« genannt wird.

Die Angst sitzt deshalb so tief, weil jeder von uns zu spüren beginnt, wie der Boden unter den Füßen wegsackt. Mehr oder minder verschwommen entdecken wir, dass wir alle auf der Wanderung sind hin zu Territorien, die es neu zu entdecken und zu besetzen gilt.

Dies aufgrund eines vierten historischen Ereignisses, dem wichtigsten und am wenigsten diskutierten: dem 12. Dezember 2015 in Paris, als am Schluss der Pariser Klimakonferenz COP21 ein Übereinkommen verabschiedet wurde.

Um dessen wirkliche Bedeutung zu ermessen, kommt es nicht darauf an, was die Delegierten beschlossen haben, nicht einmal darauf, dass dieses Abkommen tatsächlich umgesetzt wird (die Klimawandelleugner werden es mit aller Kraft sabotieren); entscheidend ist vielmehr, dass an diesem Tag allen Staaten, die unterzeichnet hatten, während sie noch dem erfolgreichen Abschluss des Vertrags applaudierten, mit Schaudern eines klar wurde: dass es, würden sie alle entsprechend den Prognosen ihrer jeweiligen Modernisierungspläne voranschreiten, keinen Planeten geben würde, der mit ihren Entwicklungserwartungen übereinstimmte.[7] Dafür benötigten sie mehrere Planeten; doch sie haben nur einen.

Wenn es also den Planeten, die Erde, den Boden, das Territorium, die den Globus der von allen Ländern angestrebten Globalisierung beheimaten sollten, nicht gibt, dann verfügt niemand mehr über ein sicheres »Zuhause«.

Damit steht jeder Einzelne von uns vor der Frage: Sollen wir weiter eskapistischen Träumen nachhängen oder uns nicht doch aufmachen und ein für uns und für unsere Kinder bewohnbares Territorium suchen?

Nun, entweder leugnen wir das Problem oder *wir versuchen, uns zu erden.* An dieser Frage spalten sich heute die Geister – viel mehr als an der von links oder rechts.

Und das betrifft die *alteingesessenen Bewohner* der reichen Länder ebenso wie deren *künftige Bewohner.* Erstere, weil sie begreifen, dass es keinen globalisierungsgeeigneten Planeten gibt und dass sie ihre gesamten Lebensweisen verändern müssen; letztere, weil sie ihren verwüsteten angestammten Boden verlassen und ebenfalls lernen müssen, alle ihre Lebensweisen zu verändern.

Mit anderen Worten: Die Migrationskrise ist zu einer allgemeinen geworden.

Zu den Migranten von *außerhalb*, die um den Preis ungeheurer Tragödien Grenzen überschreiten müssen, um ihr Land zu verlassen, kommen jetzt jene *inneren* Migranten, die an Ort und Stelle verbleiben und dramatisch erleben müssen, *wie ihr Land sie verlässt.* Erschwert wird das Verständnis der Migrationskrise dadurch, dass sie das mehr oder minder erschütternde Symptom einer uns allen gemeinsamen Herausforderung ist, nämlich, *dass uns der Boden unter den Füßen weggezogen wurde.*

Diese Herausforderung erklärt auch die relative Gleichgültigkeit gegenüber der Dringlichkeit der Situation und warum wir alle Klima-*Quietisten* sind, wenn wir, ohne einen Finger zu rühren, hoffen: »Das wird sich schon von selbst einrenken ...« Wir können nicht umhin, uns zu fragen, wie die täglich auf uns einprasselnden Nachrichten über den Zustand des Planeten sich auf unseren Geisteszustand auswirken. Wie sollte uns aufgrund der Angst, darauf nicht antworten zu können, nicht das Gefühl übermannen, innerlich erledigt zu sein?

Es ist diese gleichermaßen persönliche wie kollektive Beunruhigung, aus der sich die Bedeutsamkeit des Wahlsiegs von Trump erklärt, der ansonsten nur das Skript einer erbärmlichen TV-Serie abgäbe.

Den Vereinigten Staaten boten sich zwei Optionen: Sie konnten das Ausmaß der Mutation und ihrer eigenen Verantwortung anerkennen, endlich eine realistische Haltung annehmen und die »freie Welt« bei ihrem Marsch weg vom Abgrund anführen. Oder sich in der Realitätsverweigerung verschanzen. Trumps Hintermänner haben beschlossen, Amerika noch ein paar Jahre träumen zu lassen, um die Landung und Erdung zu verhindern und die übrigen Länder mit in den Abgrund zu reißen – womöglich für immer.

3.

Diese Frage hatte sich bislang für die Völker nicht gestellt, die beschlossen hatten, den Planeten zu »modernisieren«. Umso schmerzhafter stellte sie sich zwangsläufig für diejenigen, die seit vier Jahrhunderten die Folgen der »großen Entdeckungen«, der Imperien, der Modernisierung, der wirtschaftlichen Entwicklung und schließlich der Globalisierung zu erleiden hatten. Sie wissen nur zu gut, was es heißt, wenn einem der Grund und Boden geraubt und man davongejagt wird. Notgedrungen sind sie Experten dafür geworden, wie man Eroberung, Ausrottung, die Inbesitznahme seines Bodens überlebt.

Die große Neuheit für die einstigen Modernisierungsvölker ist, dass dieses Problem nun auch sie selbst betrifft. Selbst wenn dies weniger mörderische, weniger brutale Folgen haben und unauffälliger sein mag, handelt es sich doch um einen höchst gewaltsamen Angriff, um denjenigen das Territorium zu entreißen, die bislang Boden besaßen – zumeist deshalb, weil sie ihn bei Eroberungskriegen den anderen geraubt hatten.

Damit gewinnt der Terminus »postkolonial« eine ganz unerwartete Bedeutung, so als bestünde zwischen zwei Verlustgefühlen eine Art Familienähnlichkeit: »Ihr habt euer Territorium verloren? Wir haben es euch genommen? Ihr sollt wissen, dass wir dabei sind, es jetzt auch zu verlieren …« Und so taucht bizarrerweise mangels eines Gefühls von Brüderlichkeit, das hier fehl am Platze wäre, so etwas wie ein neues Band auf, das den klassischen Konflikt verschiebt: »Wie habt ihr es angestellt, Widerstand zu leisten und zu überleben? Das wäre doch gut, wenn auch wir das von euch erfahren könnten.«[8] Fragen, denen dann zunächst leise die ironische Antwort folgt: »Welcome to the club!«

Mit anderen Worten, der Eindruck von Schwindel, fast Panik, der die ganze gegenwärtige Politik durchzieht, rührt daher, dass allen gleichzeitig der Boden unter den Füßen wankt, so als fühlte man sich in all seinen Gewohnheiten und in all seinem Hab und Gut angegriffen.

Haben Sie schon bemerkt, wie anders Ihre Gefühle sind, je nachdem, ob man Sie bittet, die Natur zu verteidigen – zum Gähnen langweilig –, oder Ihr Territorium zu verteidigen – und schon stehen Sie Gewehr bei Fuß?

Ist die Natur zum Territorium geworden, hat es kaum noch Sinn, von »ökologischer Krise«, »Umweltproblemen«, davon zu sprechen, dass die »Biosphäre« wiedergefunden, geschont, geschützt werden muss. Es ist vitaler, existenzieller – und auch verständlicher, weil weitaus direkter. Wenn man Ihnen den Teppich unter den Füßen wegzieht, begreifen Sie sofort, dass Sie sich um den Fußbodenbelag kümmern müssen ...

Es ist eine Frage der Verbundenheit, der Lebensweise, die man uns gerade entreißt, des Bodens, des Eigentums, die unter unseren Füßen entgleiten, und diese Verunsicherung bohrt in uns allen, den einstigen Kolonisatoren wie den einstigen Kolonisierten. Nein! Die einstigen Kolonisatoren versetzt sie weit mehr in Panik als die einstigen Kolonisierten. Aber unbestritten ist, dass alle mit einem allgemeinen Mangel an teilbarem Platz und bewohnbarer Erde konfrontiert sind.

Doch woher rührt die Panik? Von jenem tief sitzenden Gefühl der Ungerechtigkeit, das jene befallen hat, die während der Eroberungen, dann der Kolonisierung, schließlich während der Ära der »Entwicklung« sich ihres Grund und Bodens beraubt sahen: Eine von anderswoher kommende Macht nimmt Ihnen Ihr Territorium, und Sie können nichts dagegen tun. Wenn das Globalisierung ist, dann wird nachträglich auch einsichtig, warum sich ihr zu widersetzen immer schon die einzige Lösung war; warum die Kolonisierten immer schon im Recht waren, wenn sie sich verteidigten.

Die universelle Conditio humana: auf diese neue Weise können wir sie spüren; eine Universalität allerdings, die völlig pervers (*a wicked universality*) und zugleich die einzige ist, über die wir noch verfügen, jetzt, da die frühere, die der Globalisierung, vom Horizont zu verschwinden scheint. Die neue Universalität ist das Empfinden, dass einem der Boden unter den Füßen wegsackt.

Ob sie ausreicht, sich zu verständigen und künftigen Kriegen um die Aneignung des Raums vorzubeugen? Vermutlich nicht, aber es ist unser einziger Ausweg: gemeinsam herauszufinden, welches Territorium bewohnbar ist und mit wem wir es teilen wollen.

Die andere Alternative ist, so zu tun, als sei nichts, und weiter, hinter einer Mauer verschanzt, in den Tag hinein vom *American way of life* zu träumen, obgleich man weiß, dass die bald neun oder zehn Milliarden Menschen nichts davon haben werden …

Migrationen, Explosion der Ungleichheiten und Neues Klimaregime: *ein und dieselbe Bedrohung.* Die meisten unserer Mitbürger unterschätzen oder leugnen, was der Erde widerfährt, sind sich aber der Tatsache, dass die Migration ihre Träume von gesicherter Identität gefährdet, vollkommen bewusst.

Zurzeit sehen sie, von den sogenannten »populistischen« Parteien stramm bearbeitet und aufgewiegelt, nur die eine Dimension der ökologischen Mutation: dass sie Menschen über ihre Grenzen treibt, die sie nicht wollen. Also denken sie sich: »Machen wir die Grenzen dicht, damit entgehen wir der Invasion!«

Die andere Dimension dieser Veränderung haben sie noch nicht so deutlich zu spüren bekommen: Das Neue Klimaregime fegt seit Langem schon über alle Grenzen hinweg und setzt uns allen Stürmen aus. Und gegen diese Invasoren sind unsere Mauern machtlos.

Wenn wir unsere Zugehörigkeiten und Identitäten verteidigen wollen, müssen wir auch diese form- und staatenlosen Migranten *identifizieren*, die da heißen: Klima, Bodenerosion, Umweltverschmutzung, Ressourcenknappheit, Habitatzerstörung. Selbst wenn ihr die Grenzen vor den zweibeinigen Flüchtlingen dicht macht, die anderen werdet ihr nicht aufhalten können.

»Ist denn niemand mehr Herr im eignen Haus?«

Nein, in der Tat. Weder die Souveränität der Staaten noch die Undurchlässigkeit der Grenzen sind noch in der Lage, Politik zu ersetzen.

»Aber dann ist ja alles offen; dann müssen wir draußen leben, vollkommen schutzlos, von Sturmwinden gebeutelt, vermischt mit allen, gezwungen, um alles zu kämpfen, ohne irgendwelche Sicherheiten, müssen pausenlos den Ort wechseln, auf jede Identität, allen Komfort verzichten? Wer kann denn so leben?«

Niemand, ganz richtig. Kein Vogel, keine Zelle, kein Migrant und kein Kapitalist. Selbst Diogenes hat Anrecht auf eine Tonne, der Nomade auf sein Zelt, der Flüchtling auf sein Asyl.

Glaubt denen keine Sekunde, die von der großen weiten Welt faseln, davon, aufs »Risiko zu setzen«, alle Sicherheitsnetze sausen zu lassen, und die weiter mit großer Geste auf den endlosen Horizont der Modernisierung für alle zeigen; diese scheinheiligen Apostel nehmen selbst nur dann Gefahren auf sich, wenn Komfort garantiert ist. Statt zu lauschen, was sie nach außen hin von sich geben, schaut lieber, was da auf ihrem Rücken glänzt: der sorgfältig gefaltete goldene Fallschirm, der sie vor allem Unbill der Existenz schützt.

Zu den elementarsten Rechten gehört, sich sicher und geschützt zu fühlen, zumal in einem Augenblick, da die althergebrachten Absicherungen am Verschwinden sind.

Diesen Sinn der Geschichte gilt es zu entdecken: Wie

angesichts des Endes der Globalisierung, des Umfangs der Migration und der Grenzen, die der Souveränität der nunmehr mit den Klimaveränderungen konfrontierten Staaten gesteckt sind, Außenränder, Hüllen, Schutzvorrichtungen entwickelt und ein neuer Halt, ein neues Fundament gefunden werden können.

Vor allem jedoch: Wie können wir jene beschwichtigen, die in dieser Situation kein anderes Heil sehen als die Berufung auf eine – immer wieder aufs Neue erfundene – nationale oder ethnische Identität? Und dazu noch: Wie lässt sich um diese grandiose Herausforderung, Millionen von Fremden in ihrer Suche nach einem beständigen Boden zu begleiten, ein kollektives Leben aufbauen?

Das politische Problem besteht darin, all diejenigen zu beruhigen und zu beherbergen, die sich notgedrungen auf den Marsch begeben müssen, und sie dabei zugleich vom trügerischen Glauben an schützende Identitäten und undurchlässige Grenzzäune abzubringen.

Doch wie soll diese Beruhigung gelingen? Wie kann allen Migranten das Gefühl vermittelt werden, geschützt zu sein, ohne dass nicht sofort wieder eine Identität ins Spiel kommt, die sich auf Abstammung, einheimische Rasse, abgeschottete Grenzen und All-inclusive-Versicherung beruft?

Um zu beruhigen, müsste man zu zwei komplementären, durch die Herausforderung der Modernisierung aber widersprüchlich gewordenen Regungen fähig sein: sich einerseits *an einen bestimmten Boden* zu *binden* und andererseits *weltbezogen zu werden.* Bislang galt dieses Unterfangen in der Tat als undurchführbar. Zwischen beiden, so war zu hören, muss gewählt werden. Es kann sein, dass die gegenwärtige Geschichte diesem scheinbaren Widerspruch ein Ende setzt.

4.

Was meint man eigentlich, wenn man von den Verwüstungen der Globalisierung spricht? Sie ist angeblich die Wurzel allen Übels, gegen sie haben die »Völker« plötzlich in einem äußersten Akt der »Bewusstwerdung«, der ihnen, wie es heißt, »die Augen geöffnet« hat für die Hemmungslosigkeiten der »Eliten«, »aufbegehrt«.

Hier ist der Moment, auf die Worte zu achten, die wir gebrauchen. In »globalisieren« steckt viel Globalisierungsgeschwafel, sicher, aber auch das Wort »Globus«: Vielleicht möchte man es bewahren.

Was seit fünfzig Jahren »Globalisierung« beziehungsweise »Mondialisierung« genannt wird, bezeichnet tatsächlich *zwei gegensätzliche Phänomene*, die systematisch verwechselt werden.

Von einem lokalen Gesichtspunkt zu einem globalen bzw. weltumgreifenden zu wechseln sollte eigentlich bedeuten, dass man die Gesichtspunkte *vermehrt*, dass man eine größere Mannigfaltigkeit erfasst, eine größere Zahl von Wesen, Kulturen, Phänomenen, Organismen und Menschen in Betracht zieht.

Anscheinend aber wird heute unter »Globalisierung« das genaue Gegenteil einer solchen Vermehrung verstanden. Nämlich dass *eine einzige Sicht* sich gegenüber allen und überall durchgesetzt hat, die von Grund auf provinziell ist, von einer kleinen Gruppe von Personen vorgeschlagen wurde, eine winzige Zahl von Interessen repräsentiert, auf wenige Messinstrumente, Standards und Formulare begrenzt ist. Was Wunder, dass man unsicher ist, ob man sich dieser Globalisierung überlassen oder im Gegenteil gegen sie ankämpfen soll.

Sollen die Gesichtspunkte *vermehrt* und damit jede »provinzielle« oder »geschlossene« Sicht durch neue

Varianten komplexer gestaltet werden, dann handelt es sich um einen Kampf, der es verdient, geführt zu werden; geht es jedoch darum, die Zahl an Alternativen, was die Existenz und den Weltenlauf, den Wert der Güter und die Definition des GLOBUS betrifft, zu *vermindern*, dann versteht es sich sozusagen von selbst, dass man sich mit allen Kräften gegen eine solche Vereinfachung stemmt.

Alles in allem hat es den Anschein, als ob man sich, je globaler man wird, einen umso beschränkteren Blick einhandelt! Jeder von uns dürfte bereit sein, sich von seinem Eckchen Erde loszureißen, aber sicher nicht, damit einem dann die kleinkarierte Sicht eines anderen, nur weiter entfernten Fleckchens aufoktroyiert wird.

Unterscheiden wir also ab jetzt die *Plus*-Globalisierung und die *Minus*-Globalisierung.

Erschwert wird das Projekt, irgendwo zu landen bzw. sich zu erden, weil jene Definition der unausweichlichen Globalisierung im Gegenzug unweigerlich die Erfindung des »Reaktionären« nach sich zieht.

Seit Langem schon schmähen die Verfechter der Minus-Globalisierung alle, die sich gegen deren weitere Entwicklung stemmen, als Hinterwäldler und Altvordere, die lediglich an ihr eigenes Stückchen Land denken und sich gegen alle Risiken schützen, indem sie sich in ihrem kleinen Zuhause einbunkern! (Ah, dieser Geschmack an der großen weiten Welt, von denjenigen gepredigt, die überall dort ein sicheres Plätzchen finden, wo sie mit ihren Bonusmeilen hinfliegen können ...)

Damit dieses bockige Volk sich rührt, haben die Globalisierer unter ihm den großen Hebel der Modernisierung angebracht. Seit zwei Jahrhunderten lässt sich mittels des Zeitpfeils bestimmen, wer nach vorne prescht –

die Modernisierer, die Fortschrittlichen – und wer zurückbleibt.

Im Schlachtruf »Modernisiert euch!« ist nichts anderes gemeint als: Jeder Widerstand gegen die Globalisierung wird sofort mit Illegitimität geschlagen. Mit dem, der zurückbleiben will, muss man nicht verhandeln. Wer sich auf der anderen Seite der unausweichlichen Modernisierungsfront in Sicherheit bringen will, ist vorab disqualifiziert.[9] Der ist nicht nur besiegt, der ist auch irrational. *Vae victis!*

Der Ruf nach diesem Typ von Modernisierung definiert dann als seinen Gegensatz den Geschmack am Lokalen, die Verbundenheit mit der Heimaterde, die Wahrung zugehöriger Traditionen, den Respekt für Grund und Boden. Dies nicht als Fundus legitimer Gefühle verstanden, sondern als Ausdruck der Nostalgie nach »archaischen« und »obskurantistischen« Einstellungen.

Der Ruf nach Globalisierung ist dermaßen ambivalent, dass er damit auch alles kontaminiert, was im Lokalen an Hoffnungen und Erwartungen steckt. Und so wird seit Beginn der Modernisierung jede Verbundenheit mit irgendeinem Boden zwangsläufig mit dem Kainsmal der Reaktion geschlagen.

Wie es zwei völlig verschiedene Arten gibt, die Globalisierung in den Blick zu nehmen, die Variationen des GLOBUS zu registrieren, so mindestens zwei ebenfalls entgegengesetzte Arten, die Verbundenheit mit dem Boden zu definieren.

Und genau hier fällt es den Eliten, die so sehr von den (*Plus*- wie *Minus*-)Globalisierungen profitiert haben, dermaßen schwer zu begreifen, was jenen Angst einjagt, die von ihrer Region, ihrer Tradition, ihrem Boden oder ihrer Identität gehalten, geschützt, beschwichtigt, getröstet werden wollen. Und daher bezichtigen sie sie, den Sirenen des »Populismus« nicht zu widerstehen.

Die Modernisierung zurückzuweisen mag ein Angstreflex sein, ein Mangel an Ehrgeiz, angeborene Trägheit, zugestanden; aber die Gesellschaft hat, wie Karl Polanyi richtig sah, immer ein Recht, sich gegen die Attacken zu wehren.[10] Die Modernisierung zurückzuweisen bedeutet auch, *couragiert Widerstand zu leisten* und es abzulehnen, seine Provinz gegen eine andere – Wall Street, Peking oder Brüssel – einzutauschen, die noch enger und vor allem ferner, folglich auch weitaus gleichgültiger gegenüber den lokalen Belangen ist.

Lässt sich jenen, die die Minus-Globalisierung immer noch in Begeisterung versetzt, verständlich machen, wie richtig es ist, wie unverzichtbar, die Zugehörigkeit zu einem Land, Ort, Boden, einer Gemeinschaft, einem Raum, einem Milieu, einer Lebensweise, einem Metier, einem bestimmten Können bewahren zu wollen? Um eben genau in der Lage zu bleiben, mehr Unterschiedliches, mehr Gesichtspunkte wahrzunehmen, und, vor allem, nicht damit anzufangen, deren Zahl zu vermindern?

Die »Reaktionären« täuschen sich zweifellos über die Globalisierungen, aber die »Progressisten« täuschen sich nicht weniger in dem, was die »Reaktionären« an ihren Sitten und Gebräuche festhalten lässt.

Unterscheiden wir folglich ähnlich wie bei der Globalisierung ein *Minus*-Lokales und ein *Plus*-Lokales. Letzten Endes zählt allein, nicht ob jemand für oder gegen die Globalisierung, für oder gegen das Lokale ist, sondern ob es ihm gelingt, die größtmögliche Zahl an Alternativen der Zugehörigkeit zur Welt zu erfassen, daran festzuhalten und sie zu lieben.

Es wird heißen, damit betriebe ich Haarspalterei und

führte künstliche Unterscheidungen ein, um desto besser irgendeine alte Blut-und-Boden-Ideologie zu kaschieren.

Dieser Einwurf vergisst das massive Ereignis, wodurch das große Modernisierungsprojekt in seinen Grundfesten erschüttert und in jeder Hinsicht unmöglich wurde: Die ERDE, die groß genug wäre, seine Ideale an Fortschritt, Emanzipation und Entwicklung in sich aufzunehmen, gibt es nicht.[11] Mit der Folge, dass *alle Zugehörigkeiten* sich grundlegend verändern – die zum Globus, zur Welt, zu den Regionen, den Landstrichen, zum Weltmarkt, zu den Böden und zu den Traditionen.

Wir müssen uns mit etwas auseinandersetzen, was buchstäblich ein Problem der Dimension, des Maßstabs und des Unterkommens ist: Der Planet ist für den Globus der Globalisierung *viel zu eng und viel zu beschränkt*; er ist *zu groß*, viel zu groß, zu aktiv, zu komplex, als dass er sich in den engen Grenzen irgendeiner Lokalität einpferchen ließe. Wir alle werden zweifach überschwemmt: vom Allzugroßen wie vom Allzukleinen.

Und auf einmal hat keiner mehr eine Antwort auf die Frage: Wie finden wir einen bewohnbaren Boden? Weder der Anhänger der Globalisierung (*Plus*- wie *Minus*-) noch der Verfechter des Lokalen (*Plus*- wie *Minus*-). Wir wissen nicht mehr, wo wir hingehen, wie wir wohnen und mit wem wir zusammenleben sollen. Was können wir tun, um einen Platz zu finden? Wie uns orientieren?

5.

Etwas, ein wirklich umstürzendes Ereignis, muss eingetreten sein, damit das Ideal der Globalisierung so rasch das Vorzeichen wechselte. Um das herauszufinden, ist es angebracht, die in der Einleitung angekündigte politikwissenschaftliche – oder sagen wir eher: politisch-fiktionale – Hypothese genauer auszuführen.

Gehen wir einmal davon aus, dass ab den achtziger Jahren immer mehr Menschen – Aktivisten, Wissenschaftlerinnen, Künstler, Wirtschaftsfachleute, Intellektuelle, politische Parteien – die zunehmenden Gefahren in den bislang stabilen Beziehungen der ERDE zu den Menschen wahrnahmen.[12] Trotz aller Schwierigkeiten gelang es dieser Avantgarde, Belege dafür zu sammeln, dass dies nicht ewig so würde weitergehen können, dass die ERDE am Ende Widerstand leisten würde, auch sie.

Zwar hatten alle zuvor schon nicht die Augen davor verschließen können, dass die Frage der Grenzen sich zwangsläufig stellen würde, aber der gemeinsame Beschluss, jedenfalls bei den Modernen, lautete, es forsch durch eine sonderbare Form von Enthemmung zu ignorieren.[13] Man konnte sich ruhig weiter am Boden vergehen, ihn ausnutzen und missbrauchen, ohne auf all die Propheten des Unglücks zu hören, da der Boden selbst doch mehr oder minder ruhig und stumm blieb!

Und dann begann *unterhalb* der Ebene des Privateigentums, der gehorteten Ländereien, der ausgebeuteten Landstriche *ein anderer Boden*, eine andere Erde, ein anderer Landstrich sich zu rühren, zu erzittern, sich zu bewegen. Eine Art Erdbeben, wenn man so will, die jene Pioniere warnen ließ: »Achtung, nichts wird mehr sein, wie es einmal war. Die Rückkehr der ERDE und die Kehrtwende bislang folgsamer Mächte werdet ihr teuer bezahlen müssen.«

An diesem Punkt kommt die *Political-Fiction*-Hypothese ins Spiel. Danach war diese Drohung, diese Warnung auch von anderen Eliten vernommen worden, die möglicherweise etwas weniger aufgeklärt waren, jedoch über riesige Mittel verfügten, die vor allem aber im höchsten Maße auf die Sicherheit ihres riesigen Vermögens und den Fortbestand ihres Wohlstands bedacht waren.

Es darf vermutet werden, dass diesen Eliten vollkommen klar war, dass die Warnung einen realen Kern hatte. Doch aus dieser im Laufe der Zeit immer unumstößlicher gewordenen Evidenz zogen sie nicht den Schluss, dass ihnen die Rückwendung der ERDE auf sich selbst teuer zu stehen kommen würde. Sie waren zwar hinreichend aufgeklärt, um den Warnruf zu registrieren, aber dann doch nicht aufgeklärt genug, das Ergebnis mit der Öffentlichkeit zu teilen.

Sie zogen ganz im Gegenteil zwei Schlüsse, die in unseren Tagen zum Einzug von König Ubu ins Weiße Haus führten. »Erstens, ja, für diese Rückwendung wird teuer zu zahlen sein, aber das zerbrochene Geschirr werden die *anderen zahlen müssen*, sicher nicht wir. Und zweitens werden wir diese immer weniger zu bestreitende Existenz des Neuen Klimaregimes *schlicht und einfach leugnen*.«

Anhand der beiden Entscheidungen lässt sich der Zusammenhang herstellen zwischen der ab den achtziger Jahren so genannten »Deregulierung« bzw. dem »Sozialabbau«, dem ab den nuller Jahren virulenten »Klimaleugnen«[14] und vor allem der seit vierzig Jahren belegbaren schwindelerregenden Vermehrung der Ungleichheiten.[15]

Wenn die Hypothese stimmt, sind alle diese Entwicklungen Teil ein und desselben Phänomens: Die Eliten waren dermaßen überzeugt, dass es keine gemeinsame Zukunft für alle geben könne, dass sie beschlossen, *sich schleunigst von der gesamten Last der Solidarität zu befreien* (daher die Deregulierung); dass eine Art goldene

Festung für jene Happy Few errichtet werden müsse, die in der Lage wären, sich aus der Affäre zu ziehen (daher die Explosion der Ungleichheiten); und dass der bodenlose Egoismus einer solchen Flucht aus der gemeinsamen Welt nur vertuscht werden konnte, indem sie die Ursache dieser verzweifelten Flucht schlichtweg negierten (daher die Leugnung der Klimaveränderung).

Um die abgedroschene Metapher der Titanic noch einmal zu bemühen: Die führenden Klassen begreifen, dass das Schiff untergehen wird; sie schnappen sich die Rettungsboote; fordern das Orchester auf, immer weiter Schlummerlieder zu spielen, damit sie im Schutz der Nacht die Leinen lösen können, bevor die riesige Schlagseite die anderen Klassen alarmiert.[16]

Hier eine entlarvende Episode, bar aller Metaphorik: Anfang der neunziger Jahre entschließt sich das Vorläuferunternehmen der heutigen ExxonMobil Corporation in vollem Bewusstsein der Sachlage und nachdem es zuvor exzellente wissenschaftliche Berichte über die Gefahren des Klimawechsels veröffentlicht hatte, massiv und hektisch in die Erdölförderung und zugleich nicht minder hektisch in eine Kampagne zu investieren, die das Nichtvorhandensein der Bedrohung belegen soll.[17]

Diese Leute – Eliten, die man wohl nicht anders denn als obskurantistisch bezeichnen kann – haben begriffen, dass sie nur überleben können, wenn sie erst gar *nicht mehr den Anschein erwecken, als würden sie die Erde mit dem Rest der Welt teilen wollen.*

Mit dieser Hypothese lässt sich erklären, wie die *Plus*-Globalisierung zur *Minus*-Globalisierung werden konnte.

Konnte man – sofern man davon profitierte – den Horizont der Globalisierung bis in die neunziger Jahre hinein noch mit den Vorstellungen von Fortschritt, Emanzipation, Reichtum, Komfort, sogar Luxus und nicht zuletzt Rationalität verbinden, haben die Furie der Deregulierung, die Explosion der Ungleichheiten, die Aufkündigung der Solidarität ihn fortschreitend mit der willkürlichen, aus dem Nirgendwo auftauchenden Entscheidung zugunsten des alleinigen Profits für einige wenige verknüpft. Die beste aller Welten ist zur schlechtesten mutiert.

Von der Reling herab sehen die unteren, mittlerweile hellwachen Klassen, wie die Rettungsboote am Horizont verschwinden. Das Orchester spielt munter weiter sein »Näher zu dir, mein Gott!«, doch der Musik gelingt es nicht länger, das Wutgeheul zu übertönen …

Ja, Wut ist das richtige Wort, wenn man diese enttäuschte, fassungslose Reaktion derer verstehen möchte, die derart im Stich gelassen und verraten wurden.

Wenn die Eliten spätestens ab den achtziger oder neunziger Jahren gespürt haben, dass die Feier zu Ende und es geboten war, so rasch wie möglich *gated communities*[18] zu bauen, um nicht mehr mit den Massen teilen zu müssen – zumal nicht mit den Massen der *people of color*, die sich auf dem gesamten Erdball in Marsch setzen, da sie von zu Hause verjagt werden –, dann kann man sich leicht ausmalen, dass auch die ihrem Schicksal Überlassenen und Zu-kurz-Gekommenen sehr schnell den Ernst der Lage begriffen und, als die Globalisierung über Bord geworfen wurde, ebenfalls unbedingt *gated communities* brauchten.

Die Reaktion der einen löst die Reaktion der anderen aus – beide Seiten *reagieren auf die sehr viel radikalere Reaktion der* ERDE, die nicht mehr nur Schläge einsteckt, sondern immer heftiger und gewaltsamer zurückschlägt.

Dieses Ineinandergreifen erscheint nur dann als irrational, wenn man vergisst, dass es sich um ein und dieselbe Kettenreaktion handelt, deren Ursprung in der Reaktion der ERDE auf unsere Unternehmungen liegt. Wir haben damit angefangen – wir, das einstige Abendland oder, genauer, Europa. Nichts zu machen: Wir müssen lernen, mit den Folgen dieser *vielfachen Entfesselung* zu leben.

Weder von der unerhörten Zunahme der Ungleichheiten noch von der »Woge des Populismus« noch von der »Migrationskrise« versteht etwas, wer nicht begreift, dass es sich um drei letztlich nachvollziehbare, wenn auch wenig wirksame Antworten auf die gewaltige Reaktion eines Bodens auf das handelt, was die Globalisierung ihm angetan hat.

Angesichts der Gefahr hatte man sich entschlossen, nicht ihr zu trotzen, sondern zu fliehen. Die einen in das vergoldete Exil des einen Prozent – »Vorrangig sind die Superreichen zu schützen« –, andere, indem sie sich an sichere und gesicherte Grenzen klammerten – »Seid gnädig, lasst uns wenigstens die Sicherheit einer stabilen Identität!«; schließlich noch jene, denen es am elendsten ging und die den Weg des Exils einschlugen.

Unter dem Strich sind alle wohl oder übel »Zu-kurz-Gekommene der (*Minus*-)Globalisierung« – einer Globalisierung, die allmählich ihre Anziehungskraft verliert.

6.

Die obskurantistischen Eliten hatten die Bedrohung ernst genommen; hatten den Eindruck gewonnen, dass ihre Herrschaft bedroht war; sie hatten beschlossen, die Ideologie eines gemeinsamen Planeten für alle zu schleifen; ihnen war klar geworden, dass ein derartiges Im-Stich-Lassen auf keinen Fall publik gemacht werden durfte; dass folglich die wissenschaftlichen Erkenntnisse, die am Ursprung dieser Bewegung standen, unter größter Geheimhaltung entwertet werden mussten. Dies alles geschah in den letzten drei bis vier Jahrzehnten.

Diese Hypothese mutet unwahrscheinlich an: Der Gedanke der Verleugnung ähnelt zu sehr einer psychoanalytischen Deutung, ist zu nahe an einer Verschwörungstheorie.[19]

Sie lässt sich dennoch belegen, wenn man von der plausiblen Vermutung ausgeht, dass die Menschen sehr schnell durchschauen, was man ihnen verheimlichen will, und entsprechend reagieren.

Auch wenn kein offensichtlicher Beweis vorliegt, sind die Auswirkungen doch nicht zu übersehen. Gegenwärtig am erhellendsten ist dabei das epistemologische Delirium, das sich der Öffentlichkeit seit der Wahl Trumps bemächtigt hat.

Verleugnung ist keine komfortable Situation. Leugnen heißt kaltblütig lügen; dann vergessen, dass man gelogen hat – und sich dabei gleichzeitig stets an die Lüge erinnern. Das zermürbt. Was eine solche Situation mit den Menschen macht, die in dieser Schlinge gefangen sind, ist leicht zu beantworten: Sie werden verrückt.

Und in erster Linie betrifft es jenes »Volk«, das die autorisierten Kommentatoren urplötzlich zu entdecken scheinen. Die Journalisten sind auf die Idee verfallen, das gemeine Volk sei Anhänger »alternativer Fakten« geworden und habe dabei jede Form von Rationalität vergessen.

Man bezichtigt die einfachen Leute, sich in ihrer Engstirnigkeit zu gefallen, in ihren Ängsten, ihrem angeborenen Misstrauen gegenüber den Eliten, ihrer bedauernswerten Gleichgültigkeit gegenüber der Idee von Wahrheit, vor allem aber in ihrer Leidenschaft für Identität, Folklore, Archaismus und Grenzen – und, um das Maß vollzumachen, in ihrer unentschuldbaren Gleichgültigkeit und Uneinsichtigkeit gegenüber Fakten.

Von daher der Erfolg der sogenannten »alternativen Realität«.

Man übersieht dabei, dass *das »Volk« kaltblütig verraten wurde* – und zwar von denen, die den Plan, den Planeten wirklich und *gemeinsam mit den anderen* zu modernisieren, aufgegeben haben, weil sie vor allen anderen wussten, dass eine solche Modernisierung gar nicht möglich ist – eben weil der Planet für ihre Träume von einem Wachstum für alle nicht ausreicht.

Bevor man das »Volk« bezichtigt, an nichts mehr zu glauben, sollte man zunächst darüber nachdenken, wie sich dieser ungeheure Verrat, auf offenem Feld im Stich gelassen zu werden, auf sein Vertrauen auswirken musste.

Keine noch so gesicherte Erkenntnis steht für sich selbst. Tatsachen bleiben nur so lange unzweifelhaft, wie es eine gemeinsame Kultur gibt, die sie stützt, Institutionen, auf die sich bauen lässt, wie es eine einigermaßen anständige Öffentlichkeit, halbwegs vertrauenswürdige Medien gibt.[20]

Und diese Menschen, denen man verheimlicht hat (aber die es ahnten), dass alle Modernisierungsanstrengungen der letzten zwei Jahrhunderte zu scheitern drohen; dass alle Ideale von Solidarität genau von denjenigen über Bord geworfen wurden, die sie regierten: Diese Menschen sollen für die wissenschaftlichen Fakten das Vertrauen eines Louis Pasteur oder einer Marie Curie aufbringen?!

Allerdings ist das epistemologische Desaster bei den Urhebern dieses ungeheuren Verrats nicht minder verheerend.

Um sich davon zu überzeugen, muss man sich nur das tagtägliche Chaos anschauen, das seit der Wahl Trumps im Weißen Haus herrscht. Wie sollte einer in der Lage sein, bestbelegte Fakten zu respektieren, wenn er das riesige Ausmaß der Bedrohung leugnen und einen nicht erklärten Weltkrieg gegen alle anderen führen muss? Das ist, als lebte man mit dem sprichwörtlichen »Elefanten im Zimmer« zusammen oder mit Ionescos Rhinozeros. Eine höchst unerquickliche Situation. Diese massigen Tiere dröhnen, trompeten, kacken, zermalmen einen förmlich und verhindern, dass einem auch nur drei zusammenhängende Gedanken in den Sinn kommen. Das Oval Office ist zu einem wahren Zoo geworden.

Der Grund dafür ist, dass das Verleugnen nicht nur diejenigen vergiftet, die die anderen ihrem Schicksal überlassen, sondern auch die mutmaßlich Hintergangenen (auf diese ausgesprochene Gaunerei des »Trumpismus« werden wir noch zurückkommen).

Der einzige, allerdings enorme Unterschied zwischen den beiden Parteien besteht darin, dass die Superreichen, deren Mittelsmann Trump lediglich ist, neben ihrer Flucht ein weiteres unsühnbares Verbrechen auf sich geladen haben: die obsessive Negierung der Klimawissenschaften. Ihretwegen musste das einfache Volk sich in einem Nebel der Desinformation zurechtfinden, ohne dass man es irgendwann darüber aufgeklärt hätte, dass die Modernisierung wohl oder übel zu Ende ist und der Klimawechsel unvermeidbar.

Während der gewöhnliche Erdenbürger bereits geneigt war, allem zu misstrauen, hat man ihn um den Preis von

Milliarden in die Desinformation investierten Dollar angestachelt, auch noch einen kleinen, massiven Fakt anzuzweifeln: die Klimaveränderung.[21] Um der Katastrophe rechtzeitig zu entkommen, hätte er schon sehr früh der Stichhaltigkeit dieses Faktums vertrauen und die Politiker zum Handeln drängen müssen, bevor es zu spät ist. Doch während das Publikum schon einen Notausgang gefunden hätte, haben sich die Klimaskeptiker quergestellt und ihnen den Rettungsweg versperrt. Wenn die Zeit kommt zu richten, wird auch zu diesem Verbrechen zu ermitteln sein.[22]

Man macht sich gar nicht klar genug, dass die gesamte Politik der Gegenwart auf das Problem der Klimaverleugnung fokussiert ist.[23]

Die Journalisten sprechen deshalb höchst leichtfertig von einer »Postwahrheitspolitik«. Statt dass sie herausarbeiten, warum einige beschlossen haben, weiterhin Politik zu betreiben, dabei jedoch gleichzeitig die Verbindung zu einer Wahrheit kappen, die ihnen – mit gutem Grund – ein Horror war. Noch warum der sprichwörtliche Mensch von der Straße – ebenfalls mit gutem Grund – entschieden hat, an überhaupt nichts mehr zu glauben. Angesichts der Kröten, die er schlucken sollte, ist es kein Wunder, dass er allem misstraut und von alldem nichts mehr hören will.

Wie die Reaktion der Medien belegt, steht es leider auch um diejenigen nicht besser, die sich rühmen, »einen klaren Kopf« behalten zu haben, die die Teilnahmslosigkeit angesichts der Taten des Königs Ubu empört oder die die Dummheit der ahnungslosen Masse an den Pranger stellen. Wiegen sie sich doch immer noch in der illusionären Gewissheit, dass die Fakten für sich selbst sprechen, keiner sie stützenden gemeinsamen Welt bedürfen, keiner Institution, keiner Öffentlichkeit, und dass dieses ganze brave Volk nur in ein ordentliches Klassenzimmer alter Schule zurückgeschickt werden muss, versehen mit Schiefertafeln und den entsprechenden Hausaufgaben, damit endlich die Vernunft siegt.

Auch sie sind im Netz der Desinformation gefangen. Sie durchschauen nicht, wie völlig nutzlos es ist, sich darüber zu empören, dass Leute »an alternative Fakten glauben«, wenn sie *faktisch* in alternativen *Welten* leben.

Die Frage ist nicht, wie die Unzulänglichkeiten des Denkens ausgeräumt werden können, sondern, wie es möglich wird, vor einer Landschaft, die sich gemeinsam erforschen lässt, ein und dieselbe Kultur miteinander zu teilen und denselben Herausforderungen zu trotzen. Wir stoßen hier auf den gewohnten Fehler der Epistemologie, nämlich dass etwas intellektuellen Defiziten zugeschrieben wird, was in Wahrheit einem Defizit an gemeinsamer Praxis geschuldet ist.

7.

Wenn der Schlüssel zur gegenwärtigen Situation nicht in einem Mangel an Intelligenz liegt, dann muss er in der Form der Territorien gesucht werden, in denen diese Intelligenz zur Anwendung kommt. Allerdings liegt genau da der Schwachpunkt: Es gibt mittlerweile mehrere miteinander unvereinbare Territorien.

Man kann, vereinfachend, davon ausgehen, dass bislang jeder, der sich bereitwillig dem Projekt der Modernisierung unterwarf, seinen Platz dank eines *Vektors* wiederfand, der vom Lokalen zum Globalen verlief.

Alles setzte sich in Richtung eines GLOBUS in Bewegung, der den gleichermaßen wissenschaftlichen, ökonomischen wie moralischen Horizont absteckte, den

GLOBUS der Plus-Globalisierung. Ein zugleich räumlicher – die Kartografie – und zeitlicher Bezugspunkt – der in die Zukunft geschossene Zeitpfeil. Dieser GLOBUS, der Generationen begeisterte, da er ein Synonym war für Reichtum, Emanzipation, Wissen und Zugang zu einem komfortablen Leben, beinhaltete eine bestimmte universelle Definition des Menschen.

Endlich die große weite Welt! Endlich hinaus aus einem engen Zuhause! Endlich das unendliche Universum! Nur bei wenigen verhallte dieser Ruf. Wir können nur staunen, welche Begeisterung er bei denjenigen entfachte, die davon profitierten – und dürfen uns nicht über den Schrecken wundern, den er bei denen auslöste, die er auf seinem Weg zermalmt hat.

Was für die Modernisierung *aufgegeben* werden musste, war das LOKALE. Auch dieses Wort in Großbuchstaben, damit es nicht mit irgendeiner urvordenklichen Wohnstätte, irgendeiner angestammten Erde, dem Boden, aus dem die Autochthonen erwachsen, verwechselt wird. Diesem Terroir, das neu erfunden wurde, *nachdem* die Modernisierung alle überlieferten Bindungen zum Verschwinden gebracht hatte, haftet nichts Heimeliges, nichts Bodenständiges oder Ursprüngliches an. Es ist ein LOKALES als Kontrast. Ein Anti-GLOBALES.

Sind diese beiden Pole einmal geortet, lässt sich eine Grenzen überschreitende Modernisierungsfront nachzeichnen. Ihren spezifischen Verlauf gewann sie durch die gebieterische Aufforderung, uns zu modernisieren, sie bereitete uns auf alle möglichen Opfer vor, darauf, unsere Heimatregion zu verlassen, unsere Traditionen aufzugeben, mit unseren Gewohnheiten zu brechen, wollten wir »vorwärtskommen«, am allgemeinen Entwicklungsprozess teilnehmen und letztlich von der Welt profitieren.

Zweifellos waren wir zwischen zwei widersprüchlichen Aufforderungen hin- und hergerissen: vorwärts zum Fortschrittsideal, zurück zu den einstigen Überzeugungen – doch dieses Zögern, dieses Zerrissensein bekam uns alles in allem sehr gut. Wie die Pariser anhand der Abfolge der geraden und ungeraden Hausnummern wissen, wo die Seine verläuft, so konnten wir uns im Geschichtsverlauf verorten.

Es gab zwar Protestierende, aber die befanden sich auf der *anderen Seite* der Modernisierungsfront. Das waren die (Neo-)Autochthonen, die Altvorderen, die Besiegten, die Kolonisierten, die Beherrschten, die Ausgeschlossenen. Dank dieses Prüfsteins konnte man sie, ohne Gefahr, sich zu irren, wenn nicht als Reaktionäre, so doch als Antimoderne oder Zu-kurz-Gekommene behandeln. Mochten sie ruhig protestieren, ihr Gekreische legitimierte die Kritik an ihnen nur noch mehr.

Das war möglicherweise brutal, aber die Welt hatte wenigstens einen Sinn. Der Zeitpfeil wies in die eine oder die andere Richtung.

Die Standortbestimmung fiel umso leichter, als auf diesen Vektor der Gegensatz RECHTS/LINKS projiziert worden war, der heute infrage gestellt wird.

Das lief nicht ohne Komplikationen ab, weil je nach Thema des Disputs LINKE und RECHTE nicht dieselbe Richtung einschlugen.

Kam zum Beispiel die Ökonomie zur Sprache, wollte eine bestimmte RECHTE immer weiter in Richtung GLOBALES gehen, wogegen eine bestimmte LINKE (aber auch eine weniger forsche RECHTE) zu begrenzen, zu verlangsamen, die Schwachen gegen die Kräfte des MARKTES zu schützen wünschte (die Großbuchstaben sollen erneut daran erinnern, dass es sich um bloße ideologische Kennmarken handelt).

Ging es dagegen um »Befreiung der Sitten« und, genauer, um »sexuelle Befreiung«, war eine bestimmte LINKE bereit, immer weiter vorwärts in Richtung des GLOBALEN zu gehen, während eine bestimmte RECHTE (aber auch eine andere LINKE) sich vehement weigerte, sich auf dieser »schiefen Bahn« mitreißen zu lassen.

Damit wurden Zuschreibungen wie »Fortschrittlicher« und »Reaktionär« komplizierter. Dabei gab es durchaus richtige »Reaktionäre« – die gegen die »Kräfte des Markts« und gegen die »sexuelle Befreiung« gifteten – und richtige »Fortschrittliche«, RECHTE und LINKE vermischt, die sich dem Reiz des GLOBALEN nicht entzogen und sowohl die Kräfte des Kapitals wie die Vielfalt der Sitten und Umgangsformen entfesseln wollten.

Wie subtil verflochten das Ganze auch war, man fand sich dennoch zurecht, aus dem einfachen Grund, dass alle Positionen *längs desselben Vektors* angeordnet waren. Wodurch man sie orten konnte, so wie sich die Temperatur eines Patienten am Fieberthermometer ablesen lässt.

Da die Richtung des Geschichtsverlaufs vorgegeben war, mochten Hindernisse auftreten, »Rückschritte« zu verzeichnen sein, »rasche Fortschritte«, ja »Revolutionen«, »Vereinnahmungen« vorkommen, aber ein radikaler Wechsel in der allgemeinen Anordnung der Positionen war undenkbar. Je nach kontrovers diskutiertem Thema konnte der *Sinn* variieren, aber es blieb *ein und dieselbe Richtung*, die sich aus der Spannung zwischen den beiden Attraktoren ergab, dem GLOBALEN und dem LOKALEN (wie schon gesagt: Dies sind nur praktische Abstraktionen).

Da die Angelegenheit sich rasch verkompliziert, bietet sich eine schematische Darstellung an. Mit der kanonischen Form (Abbildung 1) lassen sich das Zu-modernisierende-LOKALE und das GLOBALE-der-Modernisierung als zwei, durch 1 und 2 bezeichnete *Attraktoren* situieren. Zwischen den beiden verläuft die Modernisierungsfront, die deutlich ein Vorn bzw. Vorwärts von einem Hinten bzw. Zurück unterscheidet, sowie die auf diesen Vektor projizierten verschiedenen (zwangsläufig vereinfachten) Arten, RECHTS oder LINKS zu sein.

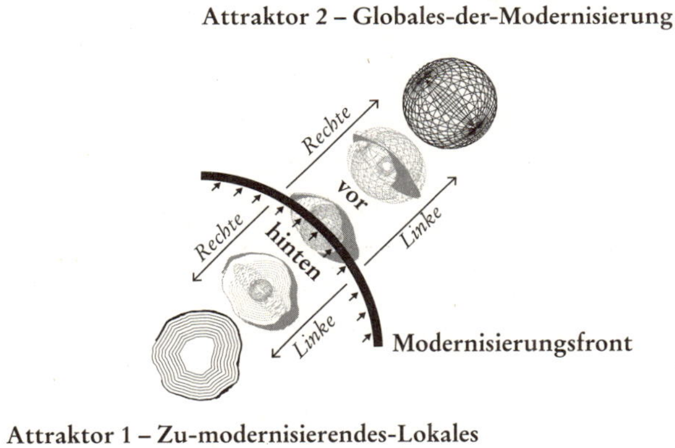

Abb. 1: Kanonisches Schema der Verortung der Modernen

Dieses GLOBALE und dieses LOKALE sehen natürlich von allen weiteren von der Anthropologie aufgedeckten Arten ab, lokal und global zu sein; und da sie für die Modernen unsichtbar bleiben, erscheinen sie auch im Schema – zumindest vorerst – nicht. Modern zu sein heißt definitionsgemäß, den Konflikt zwischen LOKALEM und GLOBALEM, zwischen Uraltem und Zukünftigem überall auf die anderen zu projizieren, und selbstredend sind es die Nicht-Modernen, die ihn auszutragen haben.

(Aus Gründen der Vollständigkeit müsste das Projekt von Attraktor 2 durch eine Verlängerung ins Unendliche ergänzt werden. Davon träumen noch immer jene, die den Problemen des Planeten dadurch entkommen wollen, dass sie sich auf den Mond schießen lassen oder sich in die Computer beamen oder dank der Vermählung von DNA, Kognitionswissenschaften und Robotern endlich wahre Posthumane werden.[24] Diese extreme Ausprägung des »Neo-Hyper-Modernismus« beschleunigt allerdings nur auf schwindelerregende Weise den alten Vektor und hat mithin für das Folgende keine Bedeutung.)

Wie verändert sich dieses Koordinatensystem, wenn die Plus-Globalisierung zur Minus-Globalisierung wird? Wenn das, was mit der Kraft des Evidenten alles an sich und hinter sich zog, zu einer Kontrastgröße wird, von der man vage spürt, dass nur wenige davon profitieren werden? Unvermeidlich wird als Reaktion darauf auch das LOKALE wieder attraktiv.

Doch das ist nicht mehr dasselbe LOKALE. Auf der überstürzten Flucht in Richtung Minus-Globalisierung entsteht es erst während der überstürzten Flucht hin zum *Minus*-LOKALEN, das Tradition, Schutz, Identität und Gewissheit innerhalb nationaler oder ethnischer Grenzen verspricht.

Und da haben wir auch schon das Drama: Das neu gestylte LOKALE hat keine Ähnlichkeit mehr mit dem alten, ist nicht bewohnbarer als die Minus-Globalisierung. Es ist eine nachträgliche Erfindung, ein Restterritorium, das bleibt, wenn beim Modernisierungsprozess definitiv alles Übrige verloren gegangen ist. Was gibt es Unwirklicheres als das Polen von Kaczyński, das Frankreich des Front National, das Italien der Lega Nord, das zusammengeschnurrte Großbritannien des Brexit oder das wieder großartige *America* des Großen Schwindlers?

Und dennoch ist dieser zweite Pol nicht minder attraktiv, zumal wenn es schlecht läuft und das Ideal, der GLOBUS, sich noch weiter zu entfernen scheint.

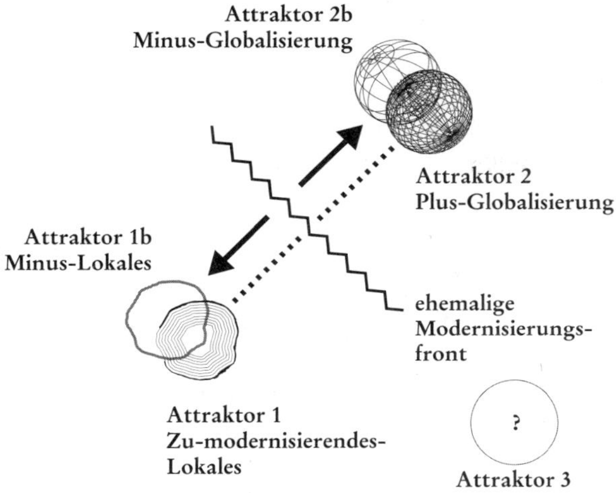

Abb. 2: Das plötzliche Auftauchen eines dritten Attraktors zerbricht das gewohnte Koordinatensystem der Modernen.

Die beiden Attraktoren haben sich am Ende so weit voneinander entfernt, dass man keine Zeit mehr hat, wie früher zwischen den beiden zu entscheiden. Genau das bezeichnen die Kommentatoren als »Verrohung« der politischen Diskussion.

Damit die Modernisierungsfront eine gewisse Glaubwürdigkeit gewinnen, sie dauerhaft den Sinn der Geschichte organisieren könnte, müssten alle Akteure an derselben Stelle stehen oder zumindest so etwas wie einen gemeinsamen Horizont haben, während die einen nach rechts, die anderen nach links ziehen.

Doch nun haben sich die Verfechter der Globalisierung wie die des Zurück in den Kopf gesetzt, so rasch wie möglich zu fliehen, wobei sie sich förmlich an Irrationalismus überbieten. Sprechblase gegen Sprechblase; *gated community* gegen *gated community*.

Statt eines Spannungsverhältnisses haben wir jetzt

einen Abgrund. Statt einer Frontlinie ist nur noch die Wunde eines früheren Kampfes für und gegen die Modernisierung des gesamten Planeten zu sehen. Der gemeinsame Horizont ist verschwunden – er taugt nicht einmal mehr, um zu entscheiden, wer Fortschrittlicher ist und wer Reaktionär.[25]

Wir erfahren uns gleichsam als Passagiere eines Flugzeugs, das Richtung GLOBALES abgehoben hat, und denen der Pilot nun ankündigt, dass er umkehren muss, da die Landung auf diesem Flughafen nicht mehr möglich ist, und die zudem mit Schrecken vernehmen (»Ladies and gentlemen, this is the captain speaking again«), dass auch die Notpiste, das LOKALE, unzugänglich ist. Verständlich, dass die Passagiere sich ängstlich an die Seitenfenster drängen, um zu sehen, wo sie eventuell, auf die Gefahr eines Crashs hin, landen könnten – auch wenn sie, wie im Film von Clint Eastwood, auf die Reflexe von Sully, ihrem Flugkapitän, bauen.[26]

Was ist geschehen? Zu vermuten steht, dass irgendetwas die Richtung des Zeitpfeils verändert hat, eine zugleich alte und unvorhergesehene Macht, welche die Projekte der einstmaligen Modernen zunächst beunruhigt, dann durcheinandergebracht und schließlich aufgesplittert hat.

Als ob der Ausdruck moderne *Welt* ein Oxymoron geworden sei. Entweder ist sie modern, aber unter ihren Füßen ist keine Welt mehr. Oder es ist eine wirkliche Welt, aber sie ist nicht modernisierbar. Ein bestimmter historischer Bogen findet sein Ende.

Plötzlich sieht es so aus, als sei überall gleichzeitig ein *dritter Attraktor* aufgetaucht und hätte alle Konfliktthemen umgeleitet, aufgesaugt und absorbiert, so dass jegliche Orientierung entsprechend der ehemaligen Fluchtlinie unmöglich geworden wäre.

An diesem historischen Punkt, an dieser Übergangsstelle befinden wir uns heute.

Zu desorientiert, um die Positionen längs der vom Alten zum Neuen, vom LOKALEN zum GLOBALEN verlaufenden Achse anzuordnen, und noch nicht in der Lage, diesen Attraktor zu benennen, ihm eine feste Position zuzuordnen, ihn auch nur zu beschreiben.

Und doch hängt jede politische Orientierung von einem solchen Schritt zur Seite ab: Man muss entscheiden, wer einem hilft und wer einen verrät, wer Freund ist und wer Feind, mit wem man sich verbünden und mit wem man sich schlagen sollte – allerdings entlang einer Richtung, die nicht mehr vorgezeichnet ist.

Jedenfalls ermächtigt uns nichts mehr zur Wiederverwendung einstiger Marker wie »RECHTE« und »LINKE«, »Befreiung«, »Emanzipation«, »Kräfte des Markts«. Nicht einmal mehr jener von Raum und Zeit, die lange so selbstverständlich schienen wie »Zukunft« oder »Vergangenheit«, »LOKAL« oder »GLOBAL«.[27]

Alles muss aufs Neue kartografiert werden. Und das so rasch als möglich, bevor die Schlafwandler in ihrer blinden Flucht alles zertrümmern, was uns Halt gibt.

8.

Zu Beginn dieses Textes konnte insofern behauptet werden, die Entscheidung der Vereinigten Staaten, sich aus dem Klimavertrag zurückzuziehen, kläre die neue politische Situation, als der Kurs, der damit verbindlich werden soll, der Richtung, die wir eigentlich einschlagen müssten, so *diametral entgegengesetzt* ist, dass am Ende recht genau, wenn auch im Kontrast, die Position dieses dritten Attraktors erkennbar wird!

Wie sehr sich die Situation durch diese Entscheidung klärt, lässt sich ermessen, wenn wir uns ausmalen, welchen Verlauf die Diskussionen genommen hätten, wäre die Kampagne für den Brexit 2016 gescheitert; wäre Hillary Clinton gewählt worden; oder wenn sich Trump nach seiner Wahl nicht vom Pariser Abkommen zurückgezogen hätte. Man würde immer noch die Vor- und Nachteile der Globalisierung abwägen, als wäre die Modernisierungsfront immer noch intakt. Glücklicherweise, wenn man das so sagen darf, haben die Ereignisse des letzten Jahres sie noch weiter um ihre Attraktivität gebracht.

Der »Trumpismus« stellt eine politische Innovation dar, wie sie nicht alle Tage vorkommt und die wir absolut ernst nehmen müssen.[28]

Tatsächlich waren seine Unterstützer so gerissen, auf der systematischen *Leugnung* der Klimaveränderung eine radikale Bewegung aufzubauen.

Alles spricht dafür, dass es Trump gelungen ist, einen *vierten Attraktor* auszumachen. Und er ist mühelos zu benennen: Es ist das AUSSERERDIGE (Abbildung 3), der Horizont dessen, was nicht mehr zu den Realitäten einer Erde gehört, die auf sein Tun reagiert. Erstmals bestimmt der Klimawandel-Negationismus die Ausrichtung des öffentlichen Lebens eines Staates.

Wer das, wofür Trump symptomatisch steht, mit den Bewegungen der dreißiger Jahre gleichsetzt, verkennt die Besonderheit der Faschisten. Gemeinsam ist beiden Bewegungen lediglich, dass sie die Palette der politischen Affekte unversehens mit einer Erfindung aufmischen, die die alten Eliten zunächst völlig ratlos dastehen lässt.

Was die Faschisten erfolgreich kombinierten, verblieb auf der Linie des alten Vektors, der von regionalen Gegebenheiten ausgeht und nach Modernisierung strebt.

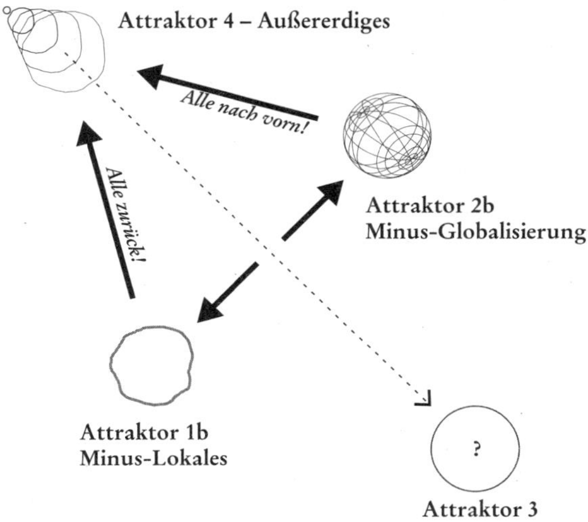

Abb. 3: Der »Trumpismus« als politische Erfindung eines vierten Attraktors

Sie amalgamierten die Rückkehr zu einer erträumten Vergangenheit – Rom oder Germania – mit revolutionären Idealen und der industriell-technischen Modernisierung. Bei dieser Gelegenheit erfanden sie, gegen die Idee des autonomen Individuums, die Figur des totalen Staates – eines Staats im permanenten Kriegszustand.

Nichts davon in der aktuellen Neuerung: Der Staat wird in Verruf gebracht, das Individuum vergöttert. Es geht in erster Linie darum, Zeit zu schinden, indem alle Zwänge aufgehoben werden, bevor das Volk begreift, dass es eine Welt, die diesem Amerika entspricht, nicht gibt.

Trumps Originalität besteht darin, in einer Geste mehreres zusammenzubringen: erstens die *Flucht nach vorne*, bei der die Profite maximiert und der Rest der Welt seinem Schicksal überlassen werden soll (zur Repräsentation der »kleinen Leute« heuert man Milliardäre an!); zweitens die *Flucht zurück*, bei der ein ganzes Volk sich in nationalen und ethnischen Kategorien wiederfinden soll (»Make America great again«, und zwar hinter einer Mauer!).

Statt wie früher die beiden Fluchtbewegungen – zur Globalisierung und zurück zum althergebrachten nationalen Terrain – als Gegensätze zu behandeln, täuschen Trumps Unterstützer vor, man könne beide fusionieren. Was natürlich nur geht, wenn der Konflikt zwischen der Modernisierung auf der einen und den terrestrischen Bedingungen auf der anderen Seite überhaupt geleugnet wird.

Daher die zentrale Rolle des Klimaskeptizismus, für den es sonst keine Erklärung gäbe (erinnern wir uns, dass es bis zur Bill-Clinton-Ära bei öko-politischen Fragen durchaus zu Vereinbarungen zwischen Republikanern und Demokraten gekommen war[29]).

Und man versteht mühelos, warum das so ist: Der völlige Irrealismus der Kombination – Vertreter der Wall Street, die Millionen von Angehörigen der sogenannten Mittelklassen zurück in eine sichere Vergangenheit führen sollen! – sticht förmlich ins Auge. Vorerst funktioniert das Ganze noch unter der Voraussetzung, dass gegenüber dem Neuen Klimaregime völlige Gleichgültigkeit demonstriert wird, unter Aufkündigung aller Formen von Solidarität sowohl nach außen, gegenüber anderen Nationen, als auch nach innen, zwischen den Klassen.

Zum ersten Mal versucht eine umfängliche Bewegung nicht einmal mehr den Anschein zu erwecken, sie habe die Absicht, sich ernsthaft mit den *geo*politischen Realitäten auseinanderzusetzen; sie entledigt sich stattdessen aller Verpflichtungen und situiert sich buchstäblich *offshore* – genau wie die Steueroasen. Vorrangig geht es darum, nicht mehr mit den anderen eine Welt teilen zu müssen, von der man längst weiß, dass sie nie wieder eine gemeinsame sein wird. Das alles unter Aufrechterhaltung des amerikanischen Ideals der Grenze – und abhebend in die Irrealität!

So als wollte man sich so rasch wie möglich von diesem dritten Attraktor absetzen, diesem Gespenst, das alle Politik heimsucht und das der »Trumpismus« – und das ist seine Stärke – aufgespürt hat.

(Es ist übrigens bezeichnend, dass diese Erfindung von einem Immobilienunternehmer stammt, der notorisch verschuldet ist, von einer Pleite in die nächste stolpert und seine Bekanntheit dem Reality-TV verdankt, also einer weiteren Spielart des Irrealismus und Eskapismus.)

Wenn man denjenigen, die auf das Minus-Lokale zusteuern, ein Zurück in die Vergangenheit verheißt, für sich selbst aber riesige Profite vorsieht, die man der großen Masse eben jener Wähler vorenthalten will, darf man es mit empirischen Belegen nicht so genau nehmen!

Wie sich gezeigt hat, hat es keinen Sinn, sich darüber aufzuregen, dass die Trump-Wähler »nicht an Fakten glauben«. Sie sind nicht dumm: Gerade weil die geopolitische Gesamtsituation geleugnet werden muss, wird die Gleichgültigkeit gegenüber Fakten so essenziell. Wenn man den massiven Widerspruch zwischen der Flucht nach vorne und der Flucht zurück wirklich erkennen würde, müsste man sich schließlich aufs Landen vorbereiten!

Diese Bewegung kennzeichnet die erste, vollkommen auf die Ökologiefrage fokussierte Regierung – allerdings *ex negativo*, im Modus der Zurückweisung! Was die Ortung erleichtert: Man braucht sich nur, wie in Abbildung 3, in den Rücken Trumps zu versetzen und eine

Linie zu ziehen, die genau dorthin führt, wo sie hinführen soll!

Selbstredend sollten sich die »kleinen Leute« keine allzu großen Illusionen über den Fortgang des Abenteuers machen. Diejenigen, für die Trump arbeitet, bilden jene winzigen Eliten, denen schon zu Beginn der achtziger Jahre aufgegangen war, dass es für sie selbst und für die übrigen neun Milliarden Zu-kurz-Gekommene nicht genug Platz geben würde. »Deregulieren wir alles, was nur geht; pumpen wir ab, was zu holen ist – *Drill, baby, drill!*, wir werden, indem wir auf diesen Übergeschnappten setzen, schon noch die dreißig bis vierzig Jahre Aufschub für uns und für unsere Kinder gewinnen. Nach uns die Sintflut, dann sind wir eh alle tot.«

Buchhalter wissen nur zu gut, was sie von Unternehmern zu halten haben, die »Schneeballsysteme« betreiben: Die Innovation des »Trumpismus« besteht darin, auf dem Rücken der größten Nation der Welt derartige Scheingeschäfte zu veranstalten. Porträt des Trump als Staats-Madoff!

Vergessen wir aber nicht, was der Grund des Ganzen ist: Trump ist Präsident des Landes, das durch eine Rückkehr zur Realität *am meisten zu verlieren hatte*; dessen materielle Infrastrukturen am schwierigsten rasch neu auszurichten sind; dessen Verantwortung für die gegenwärtige Klimasituation am eklatantesten ist; aber, und das schürt die Wut am meisten, das auch über alle wissenschaftlichen, technischen, organisatorischen Kapazitäten verfügt, die die »freie Welt« zur Wende hin zum dritten Attraktor hätten führen können.

In gewissem Sinn bescheinigt die Wahl Trumps dem Rest der Welt, dass das Ende einer auf ein angebbares Ziel orientierten Politik gekommen ist. Das ist keine

»postfaktische« Politik mehr, sondern vielmehr eine postpolitische, das heißt eine buchstäblich *gegenstandslose* Politik, da sie die Welt, in der sie zu leben behauptet, zurückweist.

Die Entscheidung ist verrückt, aber nachvollziehbar. Die Vereinigten Staaten haben das Hindernis erkannt und, wie es in der Reitersprache heißt, *bocken* – zumindest im Augenblick. Und mit dieser großen Weigerung müssen die anderen leben.

Auf einmal, jedenfalls ist das zu hoffen, hat jeder die Chance aufzuwachen. Die Mauer aus Gleichgültigkeit und Machenlassen, die durch die Klimagefahr allein nicht zu durchbrechen war, wird durch das Chaos am Hof des Königs Tohuwabohu vielleicht doch niedergerissen.

Andernfalls wird das Ganze, dazu muss man kein großer Intellektueller sein, in einem Feuersturm enden. Darin liegt die einzige wirkliche Parallele zu den faschistischen Bewegungen.[30] Anders als im Satz von Marx ereignet sich die Geschichte nicht bloß zweimal: das eine Mal als Tragödie, das andere Mal als Farce; sie kann sich auch als tragische Schmierenkomödie endlos wiederholen.

9.

Anzudeuten, wir verfügten über keinen genaueren Hinweis auf diesen dritten Attraktor außer durch diejenigen, die vor ihm fliehen, scheint lächerlich. Als ob uns Modernen nie bewusst gewesen wäre, in welchem groben Rahmen unser Handeln verläuft und welche Richtung unsere Geschichte allgemein einschlägt. Als ob wir das Ende des letzten Jahrhunderts hätten abwarten müssen, bis wir bemerkten, dass unsere Projekte gewissermaßen im Leeren schwebten.

Aber sind wir nicht doch genau mit dieser Situation konfrontiert? Das (Plus- wie Minus-)GLOBALE, auf das hin wir uns bis dahin entwickelten, der Horizont, der uns in eine grenzenlose Globalisierung stürzen ließ (und, als Reaktion darauf, die Lokalitäten, die sich vermehrten, um diesem scheinbar unausweichlichen Schicksal zu entkommen): Alldem fehlte schon immer Bodenhaftung, Realität, konsistente Materialität.

Der verhängnisvolle Eindruck, dass die Politik sich aller Substanz entleert hat, dass sie an nichts mehr geknüpft ist, sinn- und orientierungslos, buchstäblich blöd wie gleichermaßen impotent geworden, gründet in nichts anderem als dieser fortschreitenden Entdeckung: Weder das GLOBALE noch das LOKALE haben materielle und dauerhafte Existenz.

Folgerichtig ähnelt der erste oben ausgemachte Vektor (Abbildung 1), diese gerade Linie, an der sich Rückschritte und Fortschritte feststellen ließen, einer Autobahn ohne Anfang und ohne Ende.

Dass die Situation sich trotz allem aufklärt, liegt daran, dass wir nicht zwischen Vergangenheit und Zukunft, zwischen Verweigerung und Hinnahme der Modernisierung schweben, sondern, um 90 Grad gedreht, *zwischen dem alten und einem neuen Vektor*, vorwärts getrieben von zwei Zeitpfeilen, die nicht mehr in dieselbe Richtung verlaufen (Abbildung 4).

Die ganze Aufgabe ist nun herauszufinden, woraus dieses dritte Element besteht. Was könnte es *anziehender* machen als die beiden anderen – und warum erscheint es so vielen als abstoßend?

Die erste Schwierigkeit besteht darin, ihm einen Namen zu geben, einen, der nicht mit dem der beiden anderen Attraktoren verwechselt werden kann. »Erde«? Man wird glauben, es handele sich um den Planeten, aus dem Weltall gesehen, den berühmten »blauen Planeten«. »Natur«? Sie wäre viel zu umfänglich. »Gaia«? Das wäre es, aber es erforderte eine Unmenge Seiten, um genauer anzugeben, wie dieser Name zu verwenden ist. »Boden« lässt zu sehr an alte Ausprägungen lokaler Gegebenheiten denken. »Welt«, »Monde«, ja, sicher, allerdings besteht die Gefahr, sie mit früheren Erscheinungsformen der Globalisierung bzw. Mondialisierung zu verwechseln.

Nein, nötig ist ein Terminus, der die verblüffende Originalität (das verblüffende Alter) dieses Agens in sich umfasst. Nennen wir es vorerst das TERRESTRISCHE (in Großbuchstaben, um deutlich zu machen, dass es sich um ein bestimmtes Konzept handelt); und weiter, damit schon im Voraus klar wird, worauf man sich hinbewegt: das TERRESTRISCHE als neuer *Politik-Akteur*.

Was massiv verstört und zunächst nur hingenommen werden kann, betrifft in der Tat die Wirkmacht dieses TERRESTRISCHEN, das nicht mehr bloß das Dekor oder den Hintergrund des Handelns der Menschen bildet.

Von Geopolitik wird stets gesprochen, als ob das Präfix »geo-« lediglich den *Rahmen* darstellte, in dem sich politisches Handeln abspielt. Nun vollzieht sich eine Veränderung insoweit, als »geo-« von jetzt an einen Wirkfaktor bezeichnet, der uneingeschränkt an unserem öffentlichen Leben teilnimmt.

Die gegenwärtige Orientierungslosigkeit rührt daher, dass urplötzlich ein Akteur auf die Bühne tritt, der auf die Aktionen der Menschen reagiert und damit die Modernisierungsverfechter im Unklaren lässt, *wo sie sich befinden*, *in welcher Epoche* und, vor allem, welche *Rolle* sie von nun an darin spielen sollen.

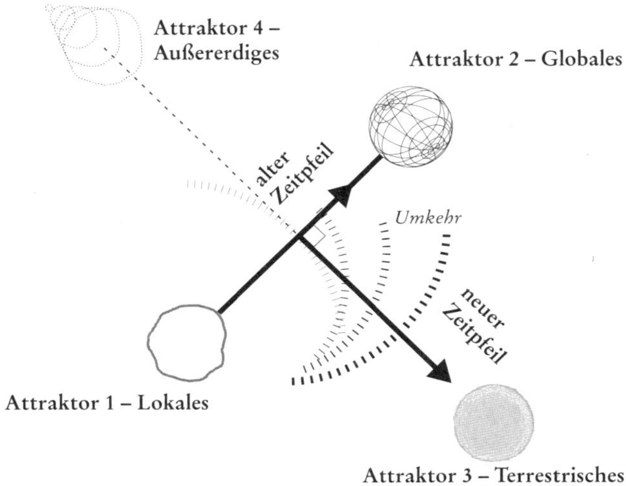

Abb. 4: Eine Neuausrichtung der Arena der Politik

Die geopolitischen Strategen, die sich stolz der »realistischen Schule« zurechnen, werden deshalb die *Realität*, mit denen sich ihre Schlachtpläne auseinanderzusetzen haben, etwas modifizieren müssen.

Früher konnte man noch sagen, dass die Menschen »auf der Erde« leben oder »in der Natur«, dass sie sich »in der Neuzeit« befinden und als »Menschen« mehr oder minder »für ihre Taten verantwortlich« sind.

Es ließ sich eine »physische« und eine »Humangeografie« unterscheiden, als handelte es sich um zwei übereinandergelagerte Schichten. Aber wie kann angegeben werden, *wo* wir uns befinden, wenn dieses Etwas, »auf« oder »in« dem wir sitzen, auf unsere Handlungen zu reagieren beginnt, zu uns zurückkommt, uns umschließt, uns beherrscht, etwas von uns verlangt und uns in seinem Lauf mitreißt? Wie lässt sich unter diesen Umständen noch zwischen physischer Geografie und Humangeografie unterscheiden?

Solange die Erde noch stabil schien, konnte man von *Raum* sprechen und sich darin und auf einem Stück Territorium, das wir angeblich besetzt hatten, platzieren. Was aber soll man tun, wenn das Territorium selbst an der Geschichte teilzunehmen beginnt, Schlag auf Schlag zurückgibt, kurzum: sich mit uns beschäftigt? Die Bedeutung des Ausdrucks »*Ich gehöre* (zu) einem Territorium« hat sich gewandelt: Er bezeichnet jetzt die Instanz, die den Eigentümer in Besitz hat!

Das TERRESTRISCHE stellt nicht länger allein den Rahmen menschlichen Handelns dar, es *ist* vielmehr *Teil davon*. Der Raum ist nicht mehr der mit ihrem Raster aus Längen- und Breitengraden erfasste der Kartografie, sondern ist zu einer bewegten Geschichte geworden, in der wir selbst nur Beteiligte unter anderen sind, die auf Reaktionen anderer reagieren. Augenscheinlich landen wir mitten in der *Geogeschichte*.[31]

Sich in Richtung des GLOBALEN aufmachen hieß, auf einen unendlichen Horizont zu immer weiter fortschreiten, eine endlose Grenze vor sich hertreiben; wandte man sich dagegen der anderen Seite zu, hin zum LOKALEN, dann in der Hoffnung, die Sicherheit einer stabilen Grenze und die Geborgenheit einer festen Identität wiederzufinden.

Dass es uns heute so schwerfällt, zu erkennen, welcher Epoche wir angehören, rührt daher, dass dieser dritte Attraktor allen bekannt und zugleich vollkommen fremd ist.

Das TERRESTRISCHE ist zweifellos eine NEUE WELT, ähnelt aber keineswegs der einst von den Modernen »entdeckten«, dann aber entvölkerten. Das ist keine neue *Terra incognita* für Forscher mit Kolonialhelm. Keinesfalls handelt es sich um eine *res nullius*, bereit zur Appropriation.

Im Gegenteil, die Modernen migrieren auf eine Erde zu, ein Terroir, einen Boden, einen Landstrich, ein Gelände, egal, wie man es nennen will, das bereits besetzt, seit je bevölkert ist. Und das, seit Kurzem, von einer Vielzahl derer *wiederbevölkert* wird, die lange vor den anderen gespürt haben, wie notwendig es war, sich schleunigst dem Gebot der Modernisierung zu entziehen.[32]

In dieser Welt befindet sich der moderne Geist gleichsam im Exil. Er wird lernen müssen, mit jenen zusammenzuleben, die er bisher als Altvordere, Traditionalisten, Reaktionäre oder schlicht als Lokalpatrioten betitelte.[33]

Doch so alt dieser Raum auch sein mag, er ist für alle neu, da es, verfolgt man die Diskussionen der Klimaspezialisten, für die gegenwärtige Situation schlicht *keinen Präzedenzfall* gibt. Da haben wir die *wicked universality*, den universellen Mangel an Erde.

Was wir Zivilisation, Kultur nennen, sagen wir die im Laufe der letzten zehn Jahrtausende angenommenen Gewohnheiten, hat sich, so erklären die Geologen, innerhalb eines erstaunlich stabilen geografischen Raums und Zeitabschnitts vollzogen. Das – von ihnen so bezeichnete – Holozän wies alle Merkmale eines »Rahmens« auf, innerhalb dessen man mühelos das Handeln der Menschen unterscheiden konnte – so wie man im Theater Räumlichkeit und Kulissen vergessen und sich auf die Handlung konzentrieren kann.

Das trifft auf das Anthropozän nicht mehr zu, diesen umstrittenen Terminus, mit dem einige Experten gerne den gegenwärtigen Zeitabschnitt bezeichnen würden.[34] Hier geht es nicht mehr um kleine klimatische Schwankungen, sondern um eine das gesamte Erdsystem tangierende Erschütterung.[35]

Natürlich haben die Menschen schon immer ihre Umwelt verändert, aber dieser Begriff bezeichnete nur ihr Umfeld, das, was sie im präzisen Sinne umgab. Sie selbst bildeten weiterhin die Hauptfiguren, veränderten lediglich am Rande das Dekor ihrer Dramen.

Heute sind alle: Dekor, Kulissen, Hinterbühne, das gesamte Gebäude, auf die Bühnenbretter gestiegen und machen den Schauspielern die Hauptrolle streitig. Das schlägt sich in den Textbüchern nieder, legt andere Ausgänge der Intrigen nahe. Die Menschen sind nicht mehr die einzigen Akteure, sehen sich zugleich aber mit einer Rolle betraut, die viel zu groß für sie ist.[36]

Dass man sich nicht mehr dieselben Geschichten erzählen kann, steht jedenfalls fest. Die Spannung ist auf dem Höhepunkt.

Also zurück? Nochmals die alten Rezepte lernen? Mit einem veränderten Blick die tausendjährigen Weisheiten anschauen? Von den wenigen Kulturen lernen, die noch nicht modernisiert wurden? Ja, sicher, aber ohne sich dabei in Illusionen zu wiegen: Auch für sie gibt es keinen Präzedenzfall.

Keine menschliche Gesellschaft, wie weise, subtil, achtsam, vorsichtig wir sie uns auch vorstellen, musste sich bisher mit den Reaktionen des Systems Erde auf das Handeln von acht bis neun Milliarden Menschen befassen. Die in zehntausend Jahren akkumulierte Weisheit, selbst wenn wir wieder zu ihr vordringen sollten, hat nie mehr als ein paar hundert oder tausend, bestenfalls ein paar Millionen Menschen auf einer eher stabil bleibenden Bühne Nutzen gebracht.

Die Leere der gegenwärtigen Politik bleibt ein Rätsel, wenn man sich nicht klarmacht, wie beispiellos die jetzige Situation ist. Das kann einen wahrlich in Schockstarre versetzen.

Zumindest können wir jetzt die Reaktion derer besser nachvollziehen, die sich zur Flucht entschlossen. Warum sollte man sich freiwillig diesem Attraktor zuwenden, wenn man gerade dem Horizont der universellen Modernisierung entgegensegelte?

Sich aus freien Stücken einer solchen Situation zu stellen gemahnt an den Helden aus Edgar Allan Poes Novelle *Sturz in den Mahlstrom*.[37] Was den einzigen Überlebenden, den alten Seemann von den Lofoten, von den Ertrunkenen unterscheidet, ist die kaltblütige Aufmerksamkeit, mit der er die Bewegung der Bruchstücke, die der Strudel um ihn herumwirbelt, beobachtet. Als das Schiff in den Schlund getrieben wird, klammert sich der Erzähler an ein leeres Fass und überlebt.

Es gilt, so listenreich zu sein wie dieser alte Seemann: nicht daran glauben, dass man sich entziehen kann; nicht aufhören, mit wachen Sinnen zu beobachten, wohin die Trümmer treiben; so lässt sich möglicherweise blitzartig erfassen, warum einige Trümmerstücke in die Tiefe gezogen werden, andere Teile aufgrund ihrer Form dagegen als Rettungsringe dienen könnten. »Mein Königreich für eine Tonne!«

10.

Ein Thema, das kalt-nüchterne Aufmerksamkeit verdient, ist die Lage der Ökologie in der modernen Welt. Tatsächlich ist dieses ebenso alte wie tragisch neue Territorium, dieses TERRESTRISCHE, auf dem zu landen ein Gebot der Stunde ist, bereits in alle Richtungen hin durch die sogenannten »ökologischen Bewegungen« durchforstet worden. Es waren die »grünen Parteien«, die es zur neuen Achse der öffentlichen Debatten schmieden wollten und die seit Beginn der industriellen Revolution und vor allem nach dem Krieg auf diesen dritten Attraktor verwiesen.[38]

Während der Zeitpfeil der Modernen alles in Richtung Globalisierung zog, versuchte die politische Ökologie, sie zu diesem anderen Pol hinzulenken.

Gerechterweise müssen wir anerkennen, dass es ihr gelungen ist, alles – vom Rindfleisch über die Haie, die Feuchtgebiete, den Mais, die Pestizide, den Diesel, den Urbanismus oder die Flugplätze bis zum Klima – zum Thema einer lebendigen Kontroverse zu machen, so dass jedes materielle Objekt eine »ökologische Dimension« gewonnen hat.

Dank der Ökologie löst jedes Entwicklungsprojekt Protest aus, bleibt kein Vorschlag ohne Einwurf. Untrügliches Indiz dafür: Unter den politischen Akteuren werden heutzutage mit Vorliebe ökologische Aktivisten ermordet.[39] Und wie gesehen, ist der gesamte Ablehnungsimpuls der Negationisten auf das Klima fokussiert.

Der Ökologie ist es mithin gelungen, von Objekten aus, die bislang *nicht* zu den gängigen Anliegen des öffentlichen Lebens *gehörten*, die Politik aufzumischen, sie einer zu engen Definition von sozialer Welt zu entreißen. Insoweit ist es der politischen Ökologie geglückt, in die Öffentlichkeit neue Streitthemen einzuführen.[40]

Modernisieren oder ökologisieren ist zur vitalen Entscheidung geworden. Darüber sind sich alle einig. Dennoch ist die Ökologie gescheitert. Und auch darüber herrscht Einigkeit.

Die grünen Parteien bleiben überall Rumpfparteien. Sie wissen nie, auf welchem Bein sie tanzen sollen. Wenn sie zu Fragen »der Natur« mobilisieren, opponieren ihnen die traditionellen Parteien im Namen der Verteidigung der menschlichen Interessen. Wenn sie zu »sozialen Fragen« mobilisieren, tönt ihnen von denselben Parteien entgegen: »Was mischt ihr euch hier ein?«[41]

Auch nach fünfzig Jahren des Aktivismus bleibt es, von einigen schüchternen Ausnahmen abgesehen, bei der Gegenüberstellung von Ökonomie und Ökologie, von den Erfordernissen der Entwicklung und denen der Natur, von Fragen der sozialen Gerechtigkeit und dem Gang der lebendigen Welt.

Um die Ursache ihres provisorischen Scheiterns zu erkennen, muss man die ökologischen Bewegungen gerechterweise ins Verhältnis zu den drei Attraktoren setzen.

Dabei ist die Diagnose recht simpel: Die Ökologisten haben versucht, weder rechts noch links, weder rückwärtsgewandt noch progressistisch zu sein. Es ist ihnen dennoch nicht gelungen, sich der vom Zeitpfeil der Modernen gestellten Falle zu entziehen.

Beginnen wir mit dieser Schwierigkeit und bedienen uns dabei der Triangulierung, die das kindliche Schema ermöglicht. (Später werden wir sehen, warum der Begriff der »Natur« selbst die Situation hat erstarren lassen.)

Tatsächlich lässt sich die Spaltung RECHTS/LINKS auf zweierlei Weise »überwinden« bzw. »aufheben«. Man kann sich längs des traditionellen Vektors *in die Mitte* der beiden Pole setzen (Steg 1-2). Man kann aber auch den Vektor neu definieren und sich an den dritten Attraktor binden, wodurch die Palette der Positionen LINKS/RECHTS entsprechend einem anderen Gesichtspunkt zwangsläufig neu aufgeteilt werden muss (die Stege 1-3 und 2-3 in Abbildung 5).

Unzählige Parteien, Bewegungen, Meinungsgruppen sind mit dem Anspruch aufgetreten, einen »drit-

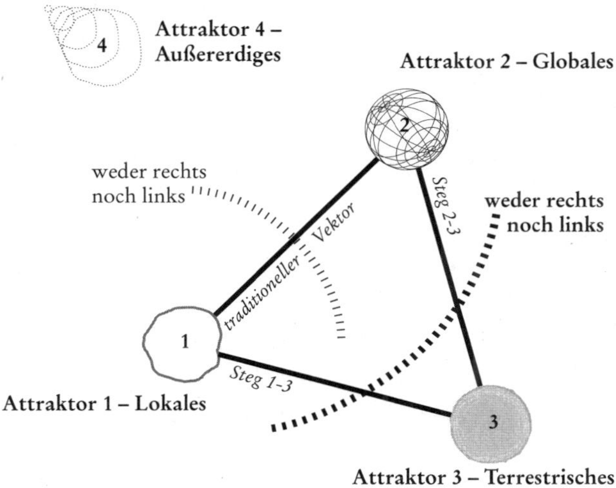

Abb. 5: Zwei Möglichkeiten, dasselbe Motto (»weder links noch rechts«) zu verstehen

ten Weg« zwischen Liberalismus und Lokalpatriotismus, Öffnung und Verteidigung der Grenzen, Emanzipation der Sitten und wirtschaftliche Liberalisierung gefunden zu haben.[42] Gescheitert sind sie bisher alle, weil sie sich kein anderes Koordinatensystem vorstellen konnten als das bestehende, das sie vorab zur Ohnmacht verdammte.

Aus dem Gegensatz von RECHTS und LINKS auszuscheren heißt nicht, sich *in der Mitte* des traditionellen Stegs zu situieren und damit die Fähigkeit zur Unterscheidung, Teilung, Trennung zu schmälern. Wie sich an der Heftigkeit der Leidenschaften ablesen lässt, die jedes Infragestellen jener Einteilung in RECHTS und LINKS noch immer auslöst, sollte dies nicht mit einem neuen Zentrum, einem neuen Sumpf, einer neuen Schwachstelle verwechselt werden.

Wie am Dreieck zu ersehen ist, geht es ganz im Gegenteil darum, die Frontlinie zu verschieben, indem der Inhalt der Streitpunkte verändert wird, die der Unterscheidung von RECHTS und LINKS zugrunde liegen – oder vielmehr der Unterscheidung zwischen RECHTEN und LINKEN, haben sich diese doch mittlerweile so vermehrt und sind so ineinander verwoben, dass bei der Verwendung dieser Etiketten von der ordnenden Kraft, die diesem klassischen Koordinatensystem einmal eignete, nicht mehr viel übrig bleibt.

Seltsam ist, dass man zwar behauptet, dieser Vektor RECHTS/LINKS könne unmöglich ausgewechselt werden, da er gleichsam in Marmor gemeißelt oder vielmehr seit zwei Jahrhunderten ins Herz eines jeden eingeprägt sei – man zugleich aber durchaus einräumt, dass diese Unterteilungen obsolet geworden sind. Was nur belegt, dass man mangels eines anderen Vektors immer wieder auf dieselbe Trennung zurückkommt, was umso schriller gerät, je mehr Relevanz sie verliert, wie eine im Leeren sich drehende Kreissäge.

11.

Es muss aber doch ein Mittel geben, um diesen berühmten *mentalen Halbkreis* zu erschüttern, diesen Hemizyklus,[43] in dem wie Zwiebelringe zunächst die extreme Linke, dann die Linke, das Zentrum, schließlich die Rechte und am Ende die extreme Rechte angeordnet sind. Und dies nur, weil die Abgeordneten sich 1789 angewöhnten, in dieser Anordnung vor dem Sitzungsleiter ihre Plätze einzunehmen und über irgendeine obskure Frage des königlichen Vetos abzustimmen.

Wie rudimentär und kontingent diese Einteilung auch sein mag, sie strukturiert alle Meinungsumfragen, Wortmeldungen, Klassifizierungen; sie wird bei allen Wahlen und allen historischen Erzählungen aufgeboten, lenkt selbst unsere viszeralen Reaktionen.[44] Wir wissen nur zu gut, welches Gewicht in Termini wie »Rechte« und »Linke« liegt; welche Emotionen transportiert werden in Urteilen wie: »Das ist doch einer von der extremen Rechten!«, »Die da, Achtung, das ist eine Linksextreme!«

Jedenfalls im Augenblick ist schwer zu erkennen, wie man diese gebündelte Ladung an Affekten loswerden könnte. Öffentliches Handeln muss auf ein akzeptierbares Ziel gerichtet sein. Wie fragwürdig das Wort »progressiv« auch sein mag, vermutlich wird niemand beim Vorschlag aktiv, er solle »regredieren«. Mit der Parole vom »Ende des Fortschritts«, der Perspektive, weniger gut als die eigenen Eltern zu leben, dem Projekt, zu lernen, sich nach und nach einzuigeln: Mit alldem lassen sich die Massen nur schwer begeistern ...[45]

Will man sich politisch neu orientieren, ist es vermutlich klug, um die Kontinuität zwischen den vergangenen und den zukünftigen Kämpfen zu wahren, sich nichts Komplizierteres als einen zweigliedrigen Gegensatz zu suchen.[46]

Nichts Komplizierteres, sicher, aber doch mit veränderter Ausrichtung.

Der Blick auf das Dreieck zeigt, dass man das Prinzip eines Vektors, an dem entlang »Reaktionäre« und »Fortschrittliche« (wenn man denn bei diesen Etiketten bleiben will) unterscheidbar sind, durchaus beibehalten kann, nur muss man dann den *Inhalt* des zu Verteidigenden verändern.

Letztlich ist ein Kompass nichts anderes als ein mit einem Magneten versehener Zeiger und eine magnetische Masse. Herauszufinden ist der *Winkel* des Zeigers und die *Zusammensetzung* der Masse.

Gehen wir hier einmal von der Hypothese aus, dass sich der Zeiger um 90 Grad in Richtung auf diesen mächtigen Attraktor gedreht hat, der uns heute in seiner Ursprünglichkeit frappiert und der trotz des Anscheins nicht dieselben Merkmale aufweist wie die zwei anderen, zwischen denen sich die Politik seit Beginn der sogenannten Neuzeit eingerichtet hatte.

Damit stellt sich folgende Frage: Lässt sich das für das öffentliche Leben kennzeichnende Konfliktprinzip bewahren, auch wenn es einen Schwenk vollziehen soll?

Mit der Ausrichtung auf diesen dritten Attraktor werden wir vielleicht in der Lage sein zu enträtseln, wofür LINKE und RECHTE während der zu Ende gehenden Epoche der Moderne als Zusammenfassung, Behältnis und Umhüllung standen.

Dieses durch den Attraktor des TERRESTRISCHEN aufgerissene Marschgepäck müssen wir öffnen und Stück für Stück prüfen, was von jedem Einzelnen erwartet wurde: was wir langsam als »Bewegung«, »Vorankommen« und sogar »Progression« zu bezeichnen lernen – und was unmissverständlich in die entgegengesetzte Richtung weist und was wir von nun an zu Recht »Regression«, »Aufgabe«, »Verrat« und »Reaktion« nennen können.

Das alles kann das politische Spiel komplizierter gestalten, aber auch unerwartete Handlungsspielräume eröffnen.

Die Wendung zum Attraktor des TERRESTRISCHEN kann erfolgen, weil der Traum eines Zugangs zum GLOBALEN ausgeträumt ist (Steg 2-3 des Schemas), aber auch, weil der immer noch ferne Hoffnungsschimmer einer Rückkehr zum LOKALEN glimmt (längs des Stegs 1-3).

Anhand der beiden Winkel lässt sich erkennen, welch

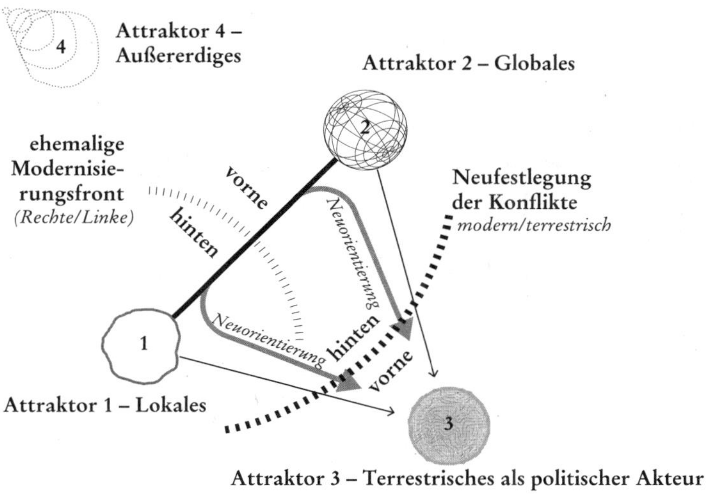

Abb. 6: Ein neues Wechselspiel der Allianzen

heikler *Verhandlungen* es bedarf, um die Interessen sowohl derer, die weiter Richtung GLOBALES fliehen, als auch derer, die sich weiter ins LOKALE flüchten, so zu *verschieben*, dass es sie lockt, das Gewicht dieses neuen Attraktors überhaupt zu verspüren (Abbildung 6).[47]

Will man eine – noch immer höchst abstrakte – Definition der neuen Politik, wird man sich an diese Verhandlungen halten müssen. Man wird sich Verbündete bei jenen Leuten suchen müssen, die der einstigen Einteilung gemäß klar »Reaktionäre« waren. Und natürlich werden Bündnisse auch mit jenen zu schmieden sein, die – noch immer nach dem alten Bezugsraster – klar »Progressisten« und vielleicht sogar Liberale, ja selbst Neoliberale waren!

Dank welchen Wunders sollte nun aber diese Neuausrichtung funktionieren, wo doch alle Bemühungen, um »aus der Opposition LINKE/RECHTE auszuscheren« oder

»die Teilung zu überwinden« oder auch einen »dritten Weg zu suchen«, gescheitert sind?

Aus einem schlichten Grund, der mit dem Begriff der Ausrichtung selbst zusammenhängt. Allem Anschein zum Trotz zählen in der Politik nicht *Einstellungen*, sondern Form und Gewicht der *Welt*, auf die diese Einstellungen funktionsgemäß reagieren sollen.

Politik war immer schon auf Objekte, Streitpunkte, Situationen, Materien, Körper, Landschaften, Orte ausgerichtet. Die sogenannten zu verteidigenden Werte sind immer Antworten auf Herausforderungen eines Territoriums, das man beschreiben können muss.[48] Darin besteht in der Tat die entscheidende Entdeckung der politischen Ökologie: Es ist eine objektzentrierte Politik.[49] Wechselt die Territorien, und ihr verändert die Einstellungen.

Der Zeiger des Kompasses beginnt, verrücktzuspielen, dreht sich in alle Richtungen und kommt dann unter dem Einfluss der magnetischen Masse zur Ruhe.

Das einzige beruhigende Element der gegenwärtigen Situation besteht darin, dass langsam ein anderer Vektor (MODERN/TERRESTRISCH) an realistischer Perspektive gewinnt. Er könnte eine glaubwürdige, gelebte, sinnliche Alternative werden zur immer noch zugespitzten Opposition von LINKS und RECHTS (Abbildung 6).

Und auch die neuen Gegner wären leicht zu bezeichnen: Es sind all jene, die weiterhin ihre Aufmerksamkeit den Attraktoren 1, 2 und vor allem 4 zuwenden. Es handelt sich um drei Utopien in der etymologischen Bedeutung des Wortes: Orte ohne *topos*, ohne Erde und ohne Boden, also das LOKALE, das GLOBALE und das AUSSERERDIGE. Aber diese Gegner bilden auch die *einzigen potenziellen Verbündeten*, und so ist es ein Gebot der Stunde, sie zu überzeugen und umzustimmen.

Die vorrangige Aufgabe besteht darin herauszufinden, wie man sich jenen zuwenden soll, die sich zu Recht durch den historischen Verrat der führenden Klassen im Stich gelassen fühlen, die lautstark nach der Sicherheit eines geschützten Raums verlangen. In der (höchst fragilen) Logik des Schemas geht es darum, die bisher dem Attraktor LOKALES zufließenden Energien auf das TERRESTRISCHE zu lenken.

Illegitim ist die Entwurzelung, nicht die Zugehörigkeit. Zu einem Boden zu gehören, darauf bleiben zu wollen, weiter Sorge für ein Stück Erde zu tragen, sich daran zu binden: All das ist, wie wir gesehen haben, nur deshalb »reaktionär« geworden, weil es in scharfem Kontrast steht zu der von der Modernisierung aufgezwungenen Flucht nach vorn. Wonach wird der Wunsch nach Bindung aussehen, wenn man einmal aufhört zu fliehen?

In der Verhandlung – der Fraternisierung? – zwischen den Anhängern des LOKALEN und des TERRESTRISCHEN muss die Bedeutsamkeit, die Legitimität, die Notwendigkeit der Zugehörigkeit zu einem Boden zur Sprache kommen, aber ohne dass dies – und darin liegt die ganze Schwierigkeit – gleich wieder mit den Ingredienzien verwechselt wird, die dem LOKALEN beigemischt sind: ethnische Homogenität, Musealisierung, Historizismus, Nostalgie, falsche Authentizität.

Es gibt ganz im Gegenteil nichts Innovativeres, nichts, das stärker präsent, subtiler, technischer, künstlicher (im besten Wortsinn) und weniger rustikal und bäuerisch-ländlich wäre, nichts, das schöpferischer wäre und der gegenwärtigen Zeit mehr entsprechen würde, als darüber zu verhandeln, wie und wo wieder Bodenhaftung erzielt werden könnte.

Verwechseln wir nicht die Rückkehr der ERDE mit

dem »Zurück zur Natur« unseligen Angedenkens. Genau das steht bei den sogenannten *zones à défendre*, Räumen, die von politischen Aktivisten besetzt und verteidigt werden, auf dem Spiel: die Repolitisierung der Zugehörigkeit zu einem Boden.

Die Unterscheidung zwischen dem LOKALEN und dem neu gestalteten Boden ist umso wichtiger, als es darum geht, von Grund auf die Örtlichkeiten zu schaffen, in denen die verschiedenen Arten von Migranten wohnen sollen. Während das LOKALE sich zu seiner Ausdifferenzierung abschließt, differenziert sich das TERRESTRISCHE durch Öffnung.

An dieser Stelle beginnen die Verhandlungen auf der anderen Seite, also mit denjenigen, die sich dem GLOBALEN entgegenstürzen. So wie es ein Gebot der Stunde ist, das Schutzbedürfnis auf das TERRESTRISCHE hin zu kanalisieren, so muss den auf die Minus-Globalisierung Zueilenden klar vor Augen geführt werden, wie wenig diese damit zu tun hat, wirklich Zugang zum GLOBUS und zur Welt zu gewinnen.

Denn das TERRESTRISCHE hängt zwar an Erde und Boden, ist aber auch *welthaft* in dem Sinne, dass es sich mit keiner Grenze deckt und über alle Identitäten hinausweist.

Insoweit löst es das bereits angesprochene Platzproblem: Es gibt keine ERDE, die dem endlosen Horizont des GLOBALEN entspricht, zugleich aber ist das LOKALE viel zu eng und zu winzig, als dass es die Mannigfaltigkeit der Wesen der irdischen Welt halten könnte. Weshalb der Zoom, der das LOKALE und das GLOBALE als sukzessive Ansichten entlang ein und derselben Strecke aneinanderreihen wollte, schon immer sinnlos war.

Welche Bündnisse es auch immer zu schmieden gilt, sicher ist, dass wir dazu so lange nicht in der Lage sind, als wir weiter von Einstellungen, Affekten, Leidenschaften und politischen Positionen reden, wo die reale Welt, seit je Bezugspunkt der Politik, sich bereits völlig verändert hat.

Mit anderen Worten, wir sind bei der Neuausstattung unserer politischen Affekte *im Rückstand.* Deshalb muss diese Operation erneut in Gang gesetzt und die neue magnetische Masse vor den traditionellen Kompass platziert werden: damit wir sehen, welche Richtung er anzeigt und wie dabei unsere Emotionen neu verteilt werden.

Vor den dabei auftretenden Schwierigkeiten die Augen zu verschließen bringt nichts: Der Kampf wird hart werden. Die Zeit, die darauf verschwendet wurde, immer weiter den alten Vektor RECHTE/LINKE zu durchmessen, hat die notwendigen Mobilisierungen und Verhandlungen verzögert.

Das hat auch den Aufstieg der ökologischen Parteien gebremst: Sie wollten sich *zwischen* der RECHTEN und der LINKEN platzieren beziehungsweise suchten die Spaltung RECHTS/LINKS zu »überwinden«, »aufzuheben«, ohne indes je genauer den *Ort* anzugeben, wo eine solche »Aufhebung« vorstellbar war. Statt selbst einmal einen Schritt zur Seite zu wagen, wurden sie von den beiden Attraktoren niedergewalzt, die ihrerseits nach und nach jeglicher Realität entleert waren. Was Wunder, dass auch die Parteien häufig genug im Stillstand verharren.

Ist es nicht so, dass wir von Tag zu Tag genauer die Prämissen eines neuen Affekts erkennen, der die bestehenden Kräfte dauerhaft neu ausrichten könnte? So dass wir uns zu fragen beginnen: *Sind wir noch modern oder schon terrestrisch?*

Die Politologen werden behaupten, dass auf der Basis derart fundamentaler Werte wie LINKS und RECHTS sich nie eine neue Orientierung entwickeln lässt. Worauf die Historiker womöglich antworten: »Gab es vor dem 18. Jahrhundert Linke und Rechte?«

Die Hauptsache ist, dass wir aus der Sackgasse herauskommen und uns eine Reihe neuer Bündnisse vorstellen können: »Sie waren nie links? Nicht schlimm, ich auch nicht, aber ich bin, wie Sie, *radikal terrestrisch*!« Eine ganze Reihe von Positionen müssen wir zu erkennen lernen, bevor die Militanten der *extremen Moderne* die Bühne total verwüstet haben …

12.

Dass es der ökologischen Bewegung nicht gelang, diesen erstrangigen politischen Akteur, das TERRESTRISCHE, genau genug zu bestimmen, belegt die Tatsache, dass sie außerstande war, mit der Mobilisierung an den Punkten anzusetzen, um die es grundlegend geht. Es ist immer wieder verblüffend, welche Wirkmacht und Dynamik die seit dem 19. Jahrhundert durch die soziale Frage ausgelösten Affekte im Verhältnis zu jenen entfalten, die die ökologischen Bewegungen nach dem Zweiten Weltkrieg entfachen konnten.

Einen guten Indikator für diese Diskrepanz bietet das wunderbare Buch von Karl Polanyi, *The Great Transformation*.[50] Was einem das Herz bricht, ist selbstredend nicht, dass er sich täuschte, als er annahm, die Verwüstungen des Wirtschaftsliberalismus lägen hinter ihm, sondern vielmehr die Tatsache, dass diese Verwüstungen als einzige Reaktion die – wie wir sie nennen können – *große Immobilität* der politischen Bezugsgrößen nach sich zogen.

Sein Buch erschien 1944, und diese mehr als siebzig

Jahre definieren sehr genau den – leider leeren – Platz jener *anderen Transformation*, die zwingend eingetreten wäre, wenn die Ökologiebewegungen all die Energien aufgegriffen, verlängert und verstärkt hätten, die durch die verschiedenen Varianten des Sozialismus entfacht worden waren.

Diese Transformation aber hat nicht wirklich stattgefunden. Weil Sozialismus und Ökologie es nicht zustande brachten, wirksam ihre Kräfte zu bündeln; beide, deren Ziel doch war, das Rad der Geschichte in die andere Richtung zu drehen, haben es nur in seinem Lauf gebremst.

Zu schwach waren sie, weil sie glaubten, vor einer bestimmten Wahl zu stehen: sich entweder um die sozialen Fragen kümmern zu müssen oder um die ökologischen. Dabei ging es eigentlich um eine andere, viel entscheidendere Wahl, nämlich die zwischen *zwei Ausrichtungen* der Politik: Die eine definiert die soziale Frage restriktiv, die andere bestimmt die grundlegenden Themen des Überlebens, ohne die *Arten von Assoziationen*, aus denen die Kollektive bestehen, vorab zu differenzieren.[51]

Die beiden Ausrichtungen haben nicht unterschiedliche Akteure im Visier. Um auf ein Klischee zurückzugreifen: Die Wahl besteht nicht zwischen dem Lohn von Arbeitern und dem Schicksal kleiner Vögel, sondern zwischen zwei Arten von Welt, in denen es, *in beiden Fällen*, Arbeiterlöhne *und* kleine Vögel gibt, die aber *auf je andere Weise miteinander verbunden sind.*

Damit stellt sich die Frage: Warum hat die auf die soziale Frage fokussierte Bewegung sich der ökologischen Themen nicht von Anfang an bemächtigt, *als seien es ihre ureigenen*? Sie hätte sich auf diese Weise ihrem Los, obsolet zu werden, entziehen und dem noch schwachen

Ökologismus tatkräftig beispringen können. Aber auch andersherum gefragt: *Warum hat es die politische Ökologie nicht verstanden, die soziale Frage zu übernehmen?*

Während der letzten siebzig Jahre, von den Spezialisten als »Große Beschleunigung« bezeichnet,[52] hat sich ein alles umfassender Wandel vollzogen – die Marktkräfte wüten, die Reaktion des Systems Erde wird ausgelöst –, aber fortschrittliche wie reaktionäre Politik wird weiter längs des einzigen und immerwährenden Vektors, dem der Modernisierung und der Emanzipation, definiert.

Auf der einen Seite zentrale Transformationen, auf der anderen fast perfekter Stillstand bei der Definition, Positionierung, den mit dem Wort »Sozialismus« assoziierten Aspirationen. Welche immensen Schwierigkeiten die Feministinnen hatten, ihre lange Zeit gegenüber den Kämpfen für soziale Veränderung als »Nebenwiderspruch« abgetanen Gefechte durchzusetzen, ist hinlänglich bekannt. Als wenn der Kompass blockiert gewesen wäre.[53]

Statt diese Revolten einzubetten, konnte man in nahezu kompletter Ohnmacht nur noch die Große Beschleunigung, die Niederlage des Kommunismus, den Triumph der Minus-Globalisierung, die Sterilisierung des Sozialismus über sich ergehen lassen, und am Ende stand dann auch noch eine Clownsvorstellung: die Wahl Trumps! Vor möglichen weiteren Katastrophen, die man sich vor Angst zitternd ausmalt.

Während all dieser Ereignisse blieb man verstrickt in die kaum abgeschwächte Opposition von »sozialen« und »ökologischen« Konflikten.

Als hätte man es mit zwei distinkten Komplexen zu tun, zwischen denen man, wie der Esel von Buridan, weiter unschlüssig verharren würde, dabei fast vor Hunger und Durst krepierend. Doch die Natur ist kein Sack voll Kleie mehr und die Gesellschaft kein Eimer Wasser ... Dass es hier keine Wahl mehr gibt, hat einen schlüssigen Grund: Da stehen keine nackten Menschen auf der einen und nichthumane Objekte auf der anderen Seite.

Ökologie ist nicht der Name einer Partei, nicht einmal der einer bestimmten Art von Anliegen, sondern der eines Appells, die Richtung zu ändern: »Hin zum Terrestrischen.«

13.

Wie ist diese Unterbrechung in den Relais der kollektiven Entrüstung zu erklären?

Sie rührt daher, dass das einstige Raster, das »Progressisten« von »Reaktionären« zu unterscheiden erlaubte, seit Einbruch der »sozialen Frage« im 19. Jahrhundert auf die Vorstellungen von *sozialen Klassen* festgelegt war, die wiederum durch ihre jeweilige Stellung im »Produktionsprozess« gekennzeichnet waren.

Trotz aller Versuche, diese Klassengegensätze abzumildern oder sogar für obsolet zu erklären, war die Politik um sie herum organisiert.

Dass die Interpretationen des öffentlichen Lebens in Begriffen des Klassenkampfes so wirksam waren, lag am scheinbar materiellen, konkreten, empirischen Charakter der so definierten antagonistischen Kategorien. Was ihnen die Bezeichnung »materialistisch« eintrug und die allgemeine Aufnahme in die Reihen einer sogenannten »engagierten« Wirtschaftswissenschaft.

Ungeachtet aller Revisionen, hat diese Interpretation

während des gesamten 20. Jahrhunderts ihre – durchaus guten – Dienste geleistet. Noch heute lässt sich mit ihr ausmachen, wer »vorwärts strebt« und wer »die Fortschrittskräfte verrät« (auch wenn, nochmals gesagt, die Einstellungen sich unterscheiden, je nachdem, ob von Umgangsformen oder von der Wirtschaft die Rede ist). Im Großen und Ganzen sind wir alle Marxisten geblieben.

Zu erstarren begannen diese Festschreibungen, weil die klassenspezifische Analyse wie der ihr zugrunde liegende Materialismus eindeutig durch den oben als GLOBAL im Gegensatz zum als LOKAL benannten Attraktor bestimmt war.

Die großen Phänomene der Industrialisierung, Urbanisierung, Kolonisierung besetzter Gebiete usw. beschrieben einen – egal ob tristen oder strahlenden – Horizont, der dem Fortschritt Sinn verlieh. Und das aus gutem Grund: Der Fortschritt entriss Abermillionen von Menschen dem Elend, wenn nicht der Herrschaft; und deren ganzes Tun und Streben sollte sich der anscheinend unausweichlichen Emanzipation zuwenden.

Trotz ihrer fortwährenden Divergenzen rivalisierten RECHTE und LINKE um den Titel, wer am entschiedensten die Modernisierung vorantrieb; wer am schnellsten diese Global-Welt erreichen würde. Und zugleich ging der Streit um die Frage, wie dabei vorzugehen sei: durch Reform oder Revolution.

Doch die Zeit, um den auf dem Weg der Modernisierung befindlichen Völkern zu erklären, auf *welcher Welt* genau sie der Fortschritt absetzen würde, versagten sie sich.

Was sie nicht voraussehen konnten (was sie durchaus hätten voraussehen können!),[54] war die Tatsache, dass dieses Blickfeld sich allmählich in einen bloßen *Hori-*

zont verwandeln würde, in eine einfache regulative Idee, eine in dem Maße immer vager werdende Utopie, als es der ERDE missglückte, ihr Gestalt zu geben.

Bis zu jenem Ereignis vom 13. Dezember 2015, dem bereits anfangs genannten Beschluss der COP21, als es gleichsam offiziell wurde, dass es keine ERDE mehr gab, die dem Horizont des GLOBALEN entsprach.

Die klassenspezifischen Analysen haben es letztlich den LINKEN nicht ermöglicht, ihren Gegnern dauerhaft zu widerstehen – was das Scheitern der Prognosen Polanyis zum Aussterben des Wirtschaftsliberalismus erklärt –, weil sie auf einer zu abstrakten, idealen, um nicht zu sagen idealistischen Konzeption der materiellen Welt beruhten, so dass sie die neue Realität nur mangelhaft in den Griff bekamen.

Wie es Materie braucht, um Materialist zu sein, so braucht es eine Welt, um Handeln welthaft zu beschreiben; eine Erde, um ein Territorium zu belegen; Realität, um sich der *Realpolitik* zu verschreiben.

Nun fand im Verlauf des gesamten 20. Jahrhunderts – während sich die auf der klassischen Definition des Klassenkampfs gründenden Analysen und Erfahrungen entfalteten – mehr oder weniger im Verborgenen und still, jedenfalls ohne dass sich die LINKEN allzu sehr darum kümmerten, ein tief greifender Wandel der Begriffsbestimmungen von Materie, Welt und der allem zugrunde liegenden Erde statt.

Damit stellt sich die Aufgabe, die Klassenkämpfe auf eine realistischere Weise zu definieren, und zwar indem wir diese neue Materialität und diesen neuen Materialismus, die beide durch die Ausrichtung auf das TERRESTRISCHE erzwungen werden, mit einkalkulieren.[55]

Polanyi hat die Fähigkeiten der Gesellschaft zum Widerstand gegen die allumfassende Vermarktung überschätzt, weil er ausschließlich auf den Rückhalt der menschlichen Akteure setzte und auf deren Bewusstsein der Grenzen, die der Ware und dem Markt gesetzt sein sollten. Doch das sind nicht mehr die Einzigen, die aufbegehren. Was Polanyi nicht voraussehen konnte, das ist die *Bündelung* gewaltiger Widerstandskräfte, die in die Klassenkonflikte geworfen werden und mit denen sich die Streitthemen grundlegend verändern lassen. Der Ausgang der Auseinandersetzungen kann nur ein anderer werden, wenn allen Revoltierenden im gemeinsamen Schulterschluss die Aufgabe anvertraut wird, zu kämpfen.

Früher waren die sozialen Klassen durch ihre Stellung im Produktionsprozess bestimmt; heute nehmen wir wahr, dass dieses System viel zu eng definiert war.

Natürlich hatten die Analysten schon seit Langem die strenge Bestimmung der sozialen Klassen durch eine ganze Apparatur von Werten, Kulturen, Einstellungen, Symbolen ergänzt, um ihre Definitionen zu verfeinern und zu erklären, warum die Gruppen nicht immer ihren »objektiven Interessen« folgten. Aber auch wenn den »Klasseninteressen« »klassenspezifische Kulturen« hinzugefügt werden, fehlt diesen Gruppen in ihrem Umfeld doch ein ausreichend bevölkertes Territorium, um sich in einer Realität festzubeißen und zum Bewusstsein ihrer selbst zu kommen. Ihre Definition bleibt sozial, zu sozial geprägt.[56]

Unterhalb des Kampfs der Klassen gibt es weitere Klassifizierungen. Unterhalb der Instanzen weitere Instanzen. Unterhalb der Materie weitere Materien.

Timothy Mitchell hat glänzend gezeigt, wie die auf Kohle basierte Ökonomie lange Zeit einen wirksamen Klassenkampf ermöglichte, den die führenden Klassen durch den Umstieg auf Erdöl schließlich gewannen.[57]

Dennoch blieben die sozialen Klassen so, wie sie traditionell definiert waren: Arbeiter, für die sich Gewerkschaften einsetzen.

Die *territorial definierten Klassen* bringen andere Klassifizierungen hervor. Die Möglichkeit der Minenarbeiter, die Förderung zu blockieren, sich in der Tiefe der Schächte ohne Aufsicht der Bewacher abzusprechen, sich in der Nähe der Kohlehalden mit den Eisenbahnern zu verbünden, ihre Frauen zu veranlassen, vor den Fenstern ihrer Chefs zu demonstrieren: All das verschwindet mit dem Erdöl. Dessen Förderung in Ländern, die von leicht korrumpierbaren winzigen Eliten regiert werden, wird von einer Handvoll landesfremder Ingenieure kontrolliert, und das Produkt zirkuliert über schnell reparierte Pipelines. Die Gegner, einst mit der Kohle sichtbar, sind mit dem Erdöl unsichtbar geworden.

Mitchell hebt nicht nur die »räumliche Dimension« der Arbeiterkämpfe hervor, was banal wäre. Er fokussiert vielmehr darauf, wie sich die Verbindung mit Kohle oder mit Erdöl jeweils auf die Erde, die Arbeiter, Ingenieure und Unternehmen auswirkt.[58] Daraus zieht er übrigens den paradoxen Schluss, dass nach dem Ende des Zweiten Weltkriegs dank des Erdöls der Eintritt in das Reich einer Ökonomie erfolgt ist, die dem Glauben anhängt, sich aller materiellen Grenzen entledigen zu können!

Weil der Klassenkampf nämlich von einer *Geo-logie* abhängt.

Mit der Einführung der Vorsilbe »geo-« werden nicht hundertfünfzig Jahre marxistische bzw. materialistische Analysen hinfällig. Ganz im Gegenteil zwingt sie, *die soziale Frage erneut aufzugreifen*, diesmal allerdings intensiviert durch die neue Geopolitik.

Da die Karte der *sozialen Klassen*kämpfe im politischen Leben immer weniger sticht – was die Experten nur noch jammern lässt, dass die »Menschen nicht mehr ihren Klasseninteressen« folgen –, ist es notwendig, eine Karte der *Kämpfe der geo-sozialen Plätze* zu entwerfen und so endlich auszumachen, worin ihre wirklichen Interessen bestehen, mit wem sie sich verbünden und gegen wen sie kämpfen werden.[59]

Das 19. Jahrhundert war das Zeitalter der sozialen Frage; das 21. ist das Zeitalter der *neuen geo-sozialen Frage.*

Gelingt es den linken Parteien nicht, die Karten auszutauschen, werden sie bald Buchsbäumen ähneln, über die Zünsler herfallen: Von ihnen wird nur mehr ein Häufchen Brennbares bleiben.

Die Schwierigkeit besteht darin, dass wir, um die Prinzipien zu finden, mit denen sich diese neuen Klassen bestimmen und die Konfliktlinien zwischen ihren divergierenden Interessen nachzeichnen lassen, lernen müssen, den Definitionen sowohl der Materie und des Produktionssystems zu misstrauen als auch denen der raum-zeitlichen Bezugsgrößen, die früher zur Bestimmung ebenso der sozialen Klassen wie der ökologischen Kämpfe dienten.

Tatsächlich gehört es zu den Sonderbarkeiten der Moderne, dass die Definition der Materie so wenig materiell, so wenig erdbezogen war. Sie rühmt sich eines Realismus, den umzusetzen sie nie in der Lage war. Wie kann man ernsthaft Menschen als Materialisten bezeichnen, die imstande sind, aus Fahrlässigkeit in einen Planeten zu schlittern, der sich um 3,5 Grad erwärmt, oder die ihre Mitmenschen bezichtigen, Agenten des sechsten Massenaussterbens von Arten zu sein, und ohne dass dies bemerkt wird?

Es mag seltsam erscheinen, aber wenn die Modernen

von Politik reden, weiß man nie, in welchem praktischen Rahmen sie sich vollziehen soll.

Letztlich ist, in Lenins Worten, »die konkrete Analyse der konkreten Situation« nie konkret genug. Schon immer hat die Ökologie den Sozialisten zugerufen: »Noch eine Anstrengung, meine Herren und Damen Materialisten, um endlich Materialisten zu sein!«[60]

14.

Dass das Amalgam – im Sinne der Revolutionskriege – zwischen den alten Hasen des Klassenkampfs und den neu Rekrutierten der geo-sozialen Konflikte nicht zustande kam, ist der Rolle anzulasten, die beide Seiten der »Natur« beimaßen. Hier haben wir einen der Fälle, wo buchstäblich Ideen den Weltenlauf lenken.

Eine bestimmte Auffassung von »Natur« hat den Modernen erlaubt, die Erde auf eine Weise in Beschlag zu nehmen, die es den anderen verunmöglichte, ihr eigenes Territorium alternativ zu besetzen.

Das liegt daran, dass Sie, wenn Politik entstehen soll, *Akteure* brauchen, die ihre Interessen und ihre Handlungsfähigkeiten bündeln. Aber zwischen politischen Akteuren und *Objekten* außerhalb der Gesellschaft und ohne Wirkmacht werden Sie keine Bündnisse schmieden können. Auf dieses Dilemma verweist die geniale Losung der Aktivisten, welche die oben erwähnten zu verteidigenden Zonen besetzen: »Wir verteidigen nicht die Natur, wir sind die Natur, die sich verteidigt.«[61]

Nun ist die Objekten zugeschriebene Äußerlichkeit keine Erfahrungstatsache, sondern Ergebnis einer ganz besonderen politisch-wissenschaftlichen Geschichte. Sie gilt es, kurz zu untersuchen, um der Politik wieder Handlungsspielraum zu eröffnen.

Wissenschaften sind zentral für das Ausmessen des TERRESTRISCHEN. Was wüssten wir ohne sie vom Neuen Klimaregime, und wie sollten wir vergessen, dass sie die bevorzugte Zielscheibe der Klimawandelleugner bilden?

Allerdings muss man sich auch hier um ein besseres Verständnis bemühen. Wer unbesehen die gebräuchliche Epistemologie schluckt, verfängt sich unweigerlich in einer Konzeption von »Natur«, die sich nicht politisieren lässt, da sie ja gerade zu dem Zweck erfunden wurde, anhand der Berufung auf die unanfechtbaren Gesetze der objektiven Natur menschliches Handeln einzuschränken. Freiheit auf der einen, strenge Notwendigkeit auf der anderen Seite: So kann auf beiden Ebenen gespielt werden.[62] Wann immer man auf die Wirkmacht anderer Akteure bauen möchte, kommt der Einwand: »Vergiss es; das sind doch bloß Objekte, die können nicht reagieren« – so wie Descartes Tieren jedes Schmerzgefühl absprach.

Aber wer sich der »wissenschaftlichen Rationalität« dadurch entgegenstellen will, dass er sich eine intimere, subjektivere, stärker verwurzelte, globalere, eine wenn man möchte »ökologischere« Methode ausdenkt, um unsere Bande zur »Natur« zu zerschneiden, wird auf beiden Ebenen verlieren: Er wird die der Tradition entlehnte Vorstellung von »Natur« beibehalten, sich zugleich aber um den Beitrag der positiven Erkenntnisse bringen.

Was uns nottut: auf *die gesamte Macht der Wissenschaften* bauen, aber *ohne die Ideologie der »Natur«*, die mit ihr verknüpft war. Wir müssen materialistisch und rational sein, diese Qualitäten aber auf das richtige Terrain anwenden.

Die Schwierigkeit besteht darin, dass das TERRESTRISCHE keineswegs der GLOBUS ist. Auf beiden in gleicher Weise materialistisch und rational zu sein ist unmöglich.

Als Erstes muss klar sein, dass wir kein Loblied auf die Rationalität anstimmen können, ohne zugleich anzuerkennen, wie sehr sie durch die Suche nach dem GLOBALEN missbraucht wurde.

Wie kann ein Modernisierungsprojekt für »realistisch« gelten, das seit zwei Jahrhunderten »vergessen« hat, die Reaktionen der Erdkugel auf die menschlichen Aktionen vorauszusehen? Wie kann man bereitwillig Wirtschaftstheorien als »objektiv« bezeichnen, die sich als unfähig erweisen, in ihre Kalkulationen die wachsende Knappheit der Ressourcen einzubeziehen, wo doch gerade eines ihrer Ziele darin bestand, deren Auszehrung vorauszuberechnen?[63] Wie lässt sich in Bezug auf technische Systeme von »Effizienz« sprechen, wenn diese außerstande sind, in ihre Pläne mit aufzunehmen, was mehrere Jahrzehnte überdauert? Wie konnte man ein Ideal der Zivilisation als »rationalistisch« bezeichnen, das sich eines so gewaltigen Prognosefehlers schuldig gemacht hat, dass es Eltern nun verwehrt ist, ihren Kindern eine lebbare Welt zu übergeben?[64]

Was Wunder, dass das Wort »Rationalität« jetzt ein wenig Schauder auslöst. Bevor wir die sogenannten einfachen Leute bezichtigen, Fakten keinen Wert mehr beizumessen, von denen die sogenannten vernünftigen Menschen sie überzeugen wollen, sollten wir uns daran erinnern, dass sie, bevor ihnen der gesunde Menschenverstand abhandenkam, in großem Stil verraten wurden.

Soll den Wörtern »Realismus«, »objektiv«, »effizient« oder »rational« wieder ein positiver Sinn verliehen werden, gilt es, sie nicht zum GLOBALEN hin auszurichten, sondern zum TERRESTRISCHEN.

Wie lässt sich diese unterschiedliche Orientierung definieren? Die beiden Pole sind nahezu identisch, mit dem Unterschied, dass das GLOBALE alle Dinge aus der *Ferne* erfasst, als wären sie *außerhalb* der sozialen Welt und gegenüber den Sorgen der Menschen völlig *gleichgültig*. Das TERRESTRISCHE erfasst dieselben Konfigurationen wie *von Nahem* gesehen, als den Kollektiven *inhärent* und für das Handeln der Menschen *empfänglich*, so dass sie darauf heftig *reagieren*. Zwei recht unterschiedliche Varianten der Art und Weise, wie Wissenschaftler sozusagen auf dem Boden der Wirklichkeit stehen.

Es ist eine neue Aufteilung der Metaphern, der Sensibilitäten, eine neue *libido sciendi*, die für die Neuausrichtung wie für den Wiederaufschwung der politischen Affekte essenziell sind.

Man muss das GLOBALE als eine Schwundform des GLOBUS verstehen, der nun reagiert hat, indem er dem GLOBALEN den Zugang verwehrt. Was ist geschehen?

Den modernen Wissenschaften in ihren Anfängen ist die in der Tat revolutionäre Idee zu verdanken, die Erde als einen Planeten unter anderen aufzufassen, eingetaucht in ein unendlich gewordenes Universum von im Kern ähnlichen Körpern. Es ist, vereinfachend gesagt, die Erfindung der *galileischen Objekte*.[65]

Diese Sicht des Planeten hat enormen Erfolg. Sie definiert den Globus, den der Kartografie wie den der ersten Wissenschaften von der Erde. Sie ermöglicht die physikalische Wissenschaft.

Unseligerweise ist sie auch leicht pervertierbar. Aus der Tatsache, dass man den Planeten *von der Erde aus* als einen fallenden Körper im unendlichen Universum verstehen kann, schlussfolgern einige Köpfe, man müsse, wolle man begreifen, was auf diesem Planeten geschieht, notwendig den *Blickpunkt des unendlichen Universums* einnehmen.

Aus der Möglichkeit, *von* der Erde *aus* fernste Fernen zu erreichen, wird die *Pflicht, aus den fernsten Fernen* die Erde zu erreichen.

Nichts zwingt zu dieser Schlussfolgerung; sie bleibt stets ein praktischer Widerspruch: Die Arbeitszimmer, Universitäten, Laboratorien, die Instrumente, Akademien ..., kurzum, dies alles, der gesamte Produktions- und Validierungskreislauf der Erkenntnisse, *hat nie* den altehrwürdigen Boden der Erde *verlassen*.[66] In welche Fernen sie ihre Gedanken auch schweifen lassen, die Gelehrten und Wissenschaftler stehen doch fest auf irdischem Boden.

Dennoch wird diese Sicht vom Universum aus – *the view from nowhere* – zum neuen Common Sense, mit dem Ausdrücke wie »rational« und selbst »wissenschaftlich« dauerhaft verknüpft werden.[67]

Von diesem Großen Draußen aus wird die ursprüngliche altehrwürdige Erde von nun an erkannt, gewogen und beurteilt. Was zunächst nur Virtualität war, wird für größte wie kleinste Geister zu einem Begeisterung entfachenden Projekt: *Erkennen heißt, von außen erkennen*. Alles muss von Sirius aus betrachtet werden – einem bloß eingebildeten Sirius, zu dem keine Person je gelangte.

Zudem wirkt sich die Beförderung der ERDE zu einem Planeten als Teil des unendlichen Universums, als ein Körper unter vielen, in der Weise negativ aus, dass die Bandbreite der von den positiven Wissenschaften erkannten Bewegungen auf einige wenige zusammenschmilzt – zu Beginn der wissenschaftlichen Revolution sogar auf eine einzige: den Fall der Körper.[68]

Von innen gesehen, gab es auf der ERDE allerdings weitaus mehr Formen von Bewegung, die zu berücksichtigen aber zunehmend schwieriger wurde. Es wird immer undurchsichtiger, was man im Sinne sogenannter gesicherter Erkenntnis mit einer ganzen Reihe von *Transformationen* anfangen soll, die da heißen Entstehung, Geburt, Wachstum, Leben, Tod, Korruption, Metamorphosen.

Dieser Umweg über das Außen sollte im Begriff der »Natur« eine Verwirrung stiften, in der wir noch immer stecken.

Hatte dieser Begriff bis zum 16. Jahrhundert eine große Bandbreite von Bewegungen umfasst – das ist die etymologische Bedeutung der lateinischen *natura* wie der griechischen *physis*, was mit Herkommen, Erzeugung, Prozess, Verlauf der Dinge übersetzbar ist –, wird das Wort »natürlich« fortschreitend eher dem vorbehalten, womit sich ausschließlich eine von außen betrachtete Bewegung verfolgen lässt. In der Verbindung »Wissenschaften von der Natur« wird diese Bedeutung festgeschrieben.

Das wäre unproblematisch, hätte man den Terminus, wie im Folgenden vorgeschlagen, auf die Wissenschaften vom Universum beschränkt, das heißt auf die *von der Oberfläche der Erde aus* mittels Instrumentarien und Berechnungen erkannten unendlichen Räume. Doch man wollte mehr. Nämlich auf dieselbe Art und Weise, gewissermaßen aus der Ferne, auch das Geschehen auf Erden erkennen.

Während man eine Fülle von Phänomenen vor Augen hatte, die nur darauf warteten, durch positives Wissen erkannt zu werden, hat man sich willentlich davon entfernt und in einer Art sadistischer Askese aus allen erreichbaren Bewegungen *nur die* herausgefiltert, *die man von Sirius aus hätte sehen können*.

Jede Bewegung hatte sich dem Modell der fallenden Körper anzupassen. Dabei lag dieser sogenannten »mechanistischen« Weltsicht eine sonderbare Metapher zugrunde, die selbst auf einer ungenauen Vorstellung von der Funktionsweise wirklicher Maschinen beruhte.[69]

Alle anderen Bewegungen wurden unter Verdacht gestellt. Von innen gesehen, auf der ERDE, konnten sie nicht wissenschaftlich sein, nicht wirklich naturalisierbar.

Was dann zur klassischen Trennung führte zwischen von fern erblickten, aber gesicherten *Kenntnissen* auf der einen und *Imaginationen*, die die Dinge von Nahem schauten, aber nicht in der Realität verankert waren, auf der anderen Seite: im schlimmsten Fall Ammenmärchen, im besten Fall respektable, aber inhaltlich nicht verifizierbare Mythen.

Der Planet hat sich letztlich vom TERRESTRISCHEN entfernt, weil alles so verlief, als ob die vom Universum aus betrachtete Natur begonnen hätte, langsam *an die Stelle* der von der ERDE aus erschauten Natur zu *treten*, sie zu überlagern und zu vertreiben; also jener Natur, die von innen alle Phänomene der Entstehung erfasst, hätte erfassen können, weiterhin hätte erfassen müssen.

Die grandiose galileische Erfindung wird den ganzen Platz besetzen und uns vergessen lassen, dass die Anschauung der Erde von Sirius aus nur einen winzigen Bruchteil – auch wenn es sich um das unendliche Universum handelt! – dessen ausmacht, was wir zu Recht positiv wissen dürfen.

Unvermeidliche Konsequenz: Man begann, nicht mehr viel vom Geschehen auf ERDEN zu sehen.

Da man sich hinsichtlich der Rationalität oder Irrationalität des Planeten Erde vielen Illusionen hingibt, riskiert man beim Blick von Sirius aus zwangsläufig, dass einem eine Fülle von Ereignissen entgeht!

Wenn man sich all die Wunderlichkeiten ins Gedächtnis ruft, die die Erdbewohner in den letzten drei oder vier Jahrhunderten auf dem Roten Planeten Mars zu erkennen wähnten, bevor sie sich ihrer Fehlannahmen bewusst wurden, dürfte es kaum erstaunen, wie viele Irrtümer seit drei oder vier Jahrhunderten über das Schicksal der von Sirius aus betrachteten irdischen Zivilisationen kursieren.

Die Ideale von Rationalität wie die Anklagen von Irrationalität, die in Bezug auf die Erde und die Erdbewohner im Umlauf sind? Nichts als Luftschlösser, Einbildungen, Phantasmagorien …

15.

Dieses Auseinanderfallen von – äußerem, objektivem und erkennbarem – Realen und – irrealem, subjektivem und unerkennbarem – Inneren hätte niemanden beeindruckt oder wäre als bloße Übertreibung von Gelehrten abgetan worden, die mit den Realitäten hienieden wenig vertraut sind, wäre es nicht *überlagert* worden von dem bereits ausgemachten berühmt-berüchtigten Vektor der Modernisierung.[70]

Von diesem Punkt aus werden die positive und die negative Bedeutung des Wortes GLOBAL völlig auseinanderdriften.

Das Subjektive wird fortschreitend mit dem Archaischen und Veralteten assoziiert und das Objektive mit dem Modernen und Fortschrittlichen. Der Binnensicht der Dinge wird nichts anderes mehr zugebilligt, als dass sie auf die Tradition, auf das Intime, das Archaische zurückwirft. Die Außensicht dagegen wird zum einzigen Mittel stilisiert, die Realität, die zählt, zu erfassen und, vor allem, sich *auf die Zukunft hin* zu orientieren.

Mit dieser brutalen Scheidung gewinnt die Illusion des GLOBALEN als Horizont der Modernität gewissermaßen Konsistenz. Es wird in der Folge darum gehen, sich virtuell mit Sack und Pack von den subjektiven und gefühlsbetonten Positionen fortzubewegen (auch wenn man an Ort und Stelle bleibt), hin zu den allein als objektiv geltenden Positionen, bar aller Gefühlsbetontheit oder vielmehr Gefühlsduselei.

Hier taucht nun, als Kontrast zum GLOBALEN, die zwangsläufig reaktive, reflexive, nostalgische Gestalt des LOKALEN auf (siehe Abbildung 1).

Zugang zur Natur als unendlichem Universum – entsprechend der neuen Bestimmung – war nur durch den Verzicht auf Sensibilität, Empfänglichkeit für die Natur als Prozess – in der einstigen Bedeutung des Worts – zu gewinnen.[71] In der Modernität vorwärtskommen hieß, sich vom ursprünglichen Boden losreißen und den Weg zum Großen Außen einschlagen; hieß, wenn nicht natürlich, so doch *naturalistisch* werden.[72]

In einer absonderlichen Perversion der Metaphern des Gebärens entstand die Vorstellung, dass »endlich in der Modernität geboren wird«, wer *nicht mehr* von diesen einstigen Entstehungsformen *abhängt*.

Wie die Feministinnen in ihren Analysen der Hexenprozesse aufgezeigt haben, entsprang der Hass auf viele weibliche Werte dieser tragischen Metamorphose, die jegliche Bindung an Altvertrautes, Bodenständiges grotesk erscheinen lässt.[73] Diese Bodenständigkeit zu fliehen hieß: »Verbirg diese Brust, damit ich sie nicht sehen kann!«

Diesen großen Aus- und Umzug – der einzig wahre »Große Austausch«[74] – soll dann dem Anspruch nach die ganze Welt erleiden, die in dem Maße, wie die letzten Bindungen an die einstige Natur als Prozess dauerhaft vernichtet sind, zur Landschaft der Minus-Globalisierung mutiert.

Das meint die Wendung, die heute veraltet ist, aber deren Echos noch immer widerhallen, sobald von Fortschritt, Entwicklung und Zukunft die Rede ist: »Wir werden den Planeten auf dem Weg zur Einheit modernisieren …«

Entweder spricht man von »Natur«, aber dann ist man fern; oder man ist nah, aber dann äußert man lediglich Gefühle: Das ist das Resultat der Konfusion zwischen planetarischer Sicht und dem TERRESTRISCHEN. Vom Planeten lässt sich sagen, dass er, beim Blick »von oben«, sich schon immer verändert hat und er länger bestehen wird als die Menschen – was die Möglichkeit eröffnet, das Neue Klimaregime als bedeutungslose Schwankung hinzunehmen. Das TERRESTRISCHE dagegen erlaubt keine derartige Teilnahmslosigkeit.[75]

Unter diesen Umständen kann man leicht nachvollziehen, warum es unmöglich ist, die Bodenkonflikte präziser zu beschreiben, und warum wir lernen müssen, den Begriff der »Natur«, der angeblich beide Attraktoren abdeckt, zu entzaubern.

Wenn die sogenannten »ökologischen« Parteien die Leute dafür zu interessieren suchen, was »der Natur«, die sie ihrem Anspruch nach »schützen«, angetan wird, dabei unter diesem Begriff aber nur die von nirgendwo betrachtete universumspezifische Natur verstehen, die sich angeblich von unseren Körperzellen bis zu den fernsten Galaxien erstreckt, dann wird die Antwort schlicht lauten: »Das ist zu weit; zu vage; das betrifft uns nicht; ist uns schnurzpiepegal!«

Und das völlig zu Recht. Es wird so lange keinen Schritt vorwärts in Richtung einer »Politik der Natur« geben, solange der Ausdruck »Natur« für derart Verschiedenes gebraucht wird wie die Erforschung des Erdmagnetismus, die Klassifizierung der bis heute entdeckten 3500 Exoplaneten, das Aufspüren der Gravitationswellen, die Rolle der Würmer für die Bodenbelüftung, die Reaktion der Schäfer in den Pyrenäen auf das Wiederaussetzen von Bären oder die der Magenbakterien auf den Verzehr eines Tellers Kutteln à la mode de Caen ... Diese Natur ist nichts als ein großes Allerlei.

Es ist müßig, in der Ferne nach Gründen für die schleppende Mobilisierung zugunsten der als Universum begriffenen Natur zu suchen. Sie wird keine Politik entstehen lassen. Diese Art Wesen – die galileischen Objekte – zum Modell für das zu nehmen, was uns in den geo-sozialen Konflikten mobilisieren soll, ist zum Scheitern verurteilt. Diese spezifische Natur in den Klassenkämpfen einsetzen hieße, seine Füße in Beton tauchen, um sich aufs Demonstrieren vorzubereiten ...

Um die Situation auf Erden objektiv, rational, wirksam, mit einigem Realismus zu beschreiben, sind alle Wissenschaften notwendig, allerdings müssen sie *anders positioniert werden*.

Mit anderen Worten, um Wissenschaftler zu sein, muss man sich nicht erst auf den Sirius beamen. Man braucht auch die Rationalität nicht aufzugeben, um der kalten Erkenntnis Gefühle einzuhauchen. Was vielmehr nottut, ist, so kaltblütig und nüchtern wie möglich die *erhitzte Aktivität einer* endlich *von Nahem* erfassten *Erde* zu erkennen.

16.

Alles hängt natürlich davon ab, was unter »erhitzter Aktivität« verstanden wird. Es erschließt sich unmittelbar, dass diese Hitze und diese Aktivität, von der als Universum begriffenen Natur aus gesehen, als subjektive Einbildung, als schlichte Projektion von Gefühlen auf eine gleichgültige »Natur« erscheinen.

Als ab dem 17. Jahrhundert die Ökonomie begann, die »Natur« in sich zu integrieren, wurde diese denn auch lediglich als »Produktionsfaktor« dargestellt, als eine *äußerliche*, unseren Handlungen gegenüber *indifferente* Ressource, die *von fern* und gleichsam *von Fremden*, die der ERDE gegenüber gleichgültige Ziele verfolgen, erfasst wird.

Im *Produktionssystem* ließen sich sowohl die menschlichen Akteure – die Arbeiter, die Kapitalisten, die Regierungen – als auch die künstlichen Infrastrukturen – die Maschinen, die Fabriken, die Städte, die Landschaften – mühelos ausmachen; die zwischenzeitlich (vom Sirius aus gesehen) »natürlich« gewordenen Wesen als Agentien, Akteure, beseelte, mit Wirkkraft versehene Wesen gleichen Schlags zu begreifen war hingegen unmöglich.

Man spürte zwar vage, dass der ganze Rest von ihnen *abhing* und dass sie notgedrungen *reagieren* würden, aber die Überdeckung der Prozess-Natur durch die Universum-Natur hatte jene, die sich dieser Ressourcen – mitunter zitternd – bemächtigten, aller Worte, Begriffe, Orientierungen beraubt.

Sicher konnte man in den Archiven anderer Völker wühlen und darin Einstellungen, Mythen, Rituale entdecken, denen jedwede Vorstellung von »Ressource« oder »Produktion« fremd war. Aber dabei handelte es sich um etwas, was zu jener Zeit nur noch als Überbleibsel einstiger Formen von Subjektivität, von durch die Modernisierungsfront unwiderruflich überholten archaischen Kulturen beeindruckte.[76] Es waren höchst anrührende Zeugnisse, zweifellos, aber gerade gut genug für ethnografische Museen.

Erst jetzt werden alle diese Praktiken zu kostbaren Lernmodellen für das Überleben in der Zukunft.[77]

Das Verhältnis zu den Wissenschaften kann sich nur ändern, wenn in den sogenannten Naturwissenschaften sorgsam unterschieden wird zwischen jenen, die sich dem Universum widmen, und jenen, die sich der prozesshaften Natur (*natura* oder *physis*) zuwenden.

Während Erstere vom Planeten als einem Körper unter anderen ausgehen, erscheint Letzteren die ERDE als vollkommen einzigartig.

Der Gegensatz wird höchst anschaulich, wenn man die aus *galileischen Objekten* erstellte Welt mit jener vergleicht, die aus solchen Agentien bzw. Akteuren besteht, die man *lovelockianisch* nennen könnte, zu Ehren von James Lovelock (der Name hier – wie der von Galilei – als Inbegriff einer viel längeren Abstammungslinie von Gelehrten und Wissenschaftlern genommen[78]).

Das Argument von Biochemikern wie Lovelock, wonach die Lebewesen auf der ERDE wie Agentien bzw. Akteure betrachtet werden sollten, die an den Entstehungsprozessen der chemischen und teilweise sogar geologischen Bedingungen des Planeten voll beteiligt sind,[79] konnte bei den Anhängern der Wissenschaften von der universumspezifischen Natur nur auf größtes Unverständnis stoßen.

Wenn die Zusammensetzung der Luft, die wir atmen, von Lebewesen abhängt, ist die Luft nicht mehr nur ihre Umwelt, in der sie sich entwickeln, sondern teilweise auch das Ergebnis ihres Wirkens. Anders gesagt, es gibt nicht auf der einen Seite Organismen und auf der anderen eine Umwelt, sondern es besteht eine Überlagerung wechselseitiger Konstellationen. Das Wirken wird neu verteilt.

Die Schwierigkeit, die Rolle der Lebewesen, ihre Wirkmacht, ihre *agency*, innerhalb der Evolution der Erdphänomene zu begreifen, wiederholt die Schwierigkeiten, das Phänomen des Lebens in früheren Perioden zu verstehen. Von den Schwierigkeiten, die menschlichen Handlungen von Sirius aus zu deuten, ganz zu schweigen.

Wird tatsächlich als Richtmaß jeder Bewegung der fallende Körper genommen, erscheinen alle anderen Bewegungen – Agitationen, Transformationen, Initiativen, Kombinationen, Metamorphosen, Prozesse, Verflechtungen, Überlagerungen – als bizarr. Um sie zu erfassen, wird es nötig sein, sich weitaus mehr Epizyklen auszudenken, als frühere Sternenforscher erfinden mussten, um die Planetenbahnen einzufangen.

Lovelock hat das Verständnis der Erdphänomene nicht dadurch vereinfacht, dass er der ERDE »Leben« einhauchte oder sie zu einem »lebenden Organismus« stilisierte, sondern, ganz im Gegenteil, dadurch, dass er *aufhörte zu leugnen*, dass die Lebewesen an der Gesamtheit der bio- und geochemischen Phänomene aktiv teilhaben. Sein reduktionistisches Argument ist das genaue Gegenteil von Vitalismus. Er lehnt lediglich ab, den Planeten *durch Eliminierung der meisten Akteure*, die längs einer Kausalkette intervenieren, *leblos werden* zu *lassen*. Nicht mehr und nicht weniger.

Unser Interesse hier ist nicht, Lovelock an sich zu folgen, wir wollen vielmehr die politische Neuausrichtung verstehen, die sich aus einer Auffassung der Naturwissenschaften ergeben könnte, die keine der für unsere Existenz notwendigen Aktivitäten preisgibt.

Die physikalischen Gesetze sind auf Sirius wie auf der ERDE dieselben, führen aber jeweils zu anderen Ergebnissen.

Mit den galileischen Objekten als Modell kann die Natur durchaus als »auszubeutende Ressource« genommen werden. Doch mit lovelockianischen Agentien braucht man sich gar nicht erst Illusionen hinzugeben: Sie wirken, reagieren – zunächst auf chemischer, biochemischer, geologischer Ebene –, jedenfalls wäre es naiv zu glauben, sie blieben träge und passiv, wenn nur genug Druck auf sie ausgeübt wird.

Mit anderen Worten: Einer, der Lovelock – und übrigens auch Humboldt[80] – gelesen hat, käme gar nicht auf die Idee, wie die Wirtschaftswissenschaftler die Natur zu einem Produktionsfaktor zu machen.

Der Konflikt lässt sich einfach zusammenfassen: Auf der einen Seite stehen jene, die weiterhin die Dinge von Sirius aus betrachten und die schlicht nicht sehen oder nicht glauben können, dass das System Erde auf das menschliche Handeln reagiert; sie geben sich noch immer der Hoffnung hin, die ERDE werde sich auf Sirius beamen und ein Planet unter anderen werden.[81] Im Grunde glauben sie nicht, dass es auf ERDEN leidens- und reaktionsfähiges *Leben* gibt.

Auf der anderen Seite sind jene, die sich an die Wissenschaften klammern und zu verstehen suchen, was es heißt, Handeln, Lebendigkeit, Wirkmacht längs jener Kausalketten, in die sie verstrickt sind, zu verteilen.

Erstere sind Klimaskeptiker (aus Lust an der Distanzierung, wenn nicht durch aktive Korruption); letztere sind bereit, *sich dem Rätsel* hinsichtlich *Zahl und Natur der wirkenden Wesen zu stellen*.

17.

So wird verständlich, dass man, will man bei der Beschreibung der geo-sozialen Konflikte weiterkommen, weder auf die Wissenschaften noch auf Rationalität verzichten kann, dass es aber auch notwendig ist, die positiven Wissenschaften sowohl zu erweitern wie zu *beschränken*. Nämlich auf alle Entstehungsprozesse zu erweitern, um nicht im Vorhinein die Wirkmächtigkeit oder *agency* (ein schreckliches, aber eben bequemes Wort) der Wesen zu begrenzen, mit denen man sich gütlich einigen muss. Sie allerdings auch zu beschränken.

Deshalb ist es von höchstem Interesse, unter den Wissenschaften jene auszusuchen, die sich dem widmen, was einige Forscher die *Kritische(n) Zone(n)* nennen.[82]

Tatsächlich beschränkt sich das, was es von diesem dritten Attraktor, dem TERRESTRISCHEN, vom Weltraum aus zu erkennen gilt, überraschenderweise auf die kleine, einige Kilometer umfassende Zone zwischen Atmosphäre und Muttergestein: auf einen dünnen Film, Firnis, eine zarte Hülle, vielfach gefaltete Schichten.

Reden wir nur weiter von der Natur im Allgemeinen, geraten wir vor der Größe des Universums in Entzücken, tauchen gedanklich ein ins Zentrum des Planeten, lassen uns angesichts der unendlichen Räume erschrecken: Letzten Endes beruht alles, was uns betrifft, auf dieser winzigen Kritischen Zone. Von hier gehen alle für uns wichtigen Wissenschaften aus und dorthin kehren sie zurück.

Weshalb es angebracht ist, unter den positiven Wissenschaften auf solche zu fokussieren, die sich der Kritischen Zone widmen, damit nicht immer, wenn Territoriumskonflikte zur Sprache kommen, das gesamte Universum zur Debatte steht und die Diskussion verstopft.

Aus Sicht der politischen Philosophie gibt es mehr als einen guten Grund, an einer solchen Unterscheidung festzuhalten. Denn obwohl die Wissenschaften von der als Universum verstandenen Natur an die ERDE gebunden sind, konzentrieren sie sich auf ferne, nur mittels technischer Geräte, Modelle und Berechnungen erkennbare Phänomene.

Es wäre absurd, jedenfalls was den durchschnittlichen Sterblichen anbetrifft, wollte er Alternativen für diese Forschungen anbieten oder deren Qualität infrage stellen. Angesichts von deren Ergebnissen stehen wir alle vor der normalen Situation, dass wir lernen müssen, was die Wissenschaftler uns zu sagen haben – wobei uns allerdings das Recht bleibt, uns dafür nicht zu interessieren …

Ganz anders sieht es bei den sich der Kritischen Zone widmenden Wissenschaften von der Prozess-Natur aus. Hier finden sich die Forscher mit konkurrierenden Erkenntnissen konfrontiert, die sie *a priori* nicht disqualifizieren können.[83] Sie müssen sich mit den Konflikten auseinandersetzen, die jeden der diese Zone bevölkernden Akteure betreffen, welche weder das Recht noch die Möglichkeit haben, sich damit nicht zu beschäftigen.

Die Zahl derer, die eine Kampagne für eine alternative Auffassung von den schwarzen Löchern oder der Inversion des magnetischen Feldes der Erde anzetteln wollen, dürfte gering sein; aber wie wir aus Erfahrung wissen, sieht sich die kleinste Studie über Bodenbeschaffenheit, Impfungen, Erdwürmer, Bären, Wölfe, Neurotransmitter, Pilze, die Wasserzirkulation oder die Luftzusammensetzung sofort in eine Interpretationsschlacht verstrickt. Die Kritische Zone ist kein Klassenzimmer; das Verhältnis zu den Forschern ist kein rein pädagogisches.

Sollten wir hierüber noch Zweifel haben, die Pseudo-Kontroverse über das Klima wird sie uns nehmen. Welches Unternehmen hat einen einzigen Dollar dafür ausgegeben, die Entdeckung des Higgs-Teilchens wieder vergessen zu machen? Ganz anders, wenn es um die Leugnung der Klimaveränderung geht: Da fließt Geld in Hülle und Fülle. Die Ignoranz des Publikums ist ein so kostbares Gut, dass es selbst exorbitante Investitionen rechtfertigt.[84]

Mit anderen Worten, die Wissenschaften von der Prozess-Natur können nicht dieselbe etwas arrogante und teilnahmslose Epistemologie aufweisen wie die der Universum-Natur. Die Philosophie, die diesen beistand, kann jenen keinen Schutz bieten. Da sie nicht hoffen können, Kontroversen zu entgehen, sollten beide sich stattdessen zusammentun, um all denen zu widerstehen, die an ihnen so ungemein interessiert sind.

Der zentrale politische Punkt liegt darin, dass die Reaktion der ERDE auf das Handeln der Menschen in den Augen derer als Aberration erscheint, die an eine irdische Welt aus galileischen Objekten glauben, und denen als evident, die die ERDE als Verknüpfung lovelockianischer Agentien ansehen.

Stimmt man den vorangegangenen Überlegungen zu, wird verständlich, warum der dritte Attraktor mit der »Natur« (im Sinne der Universum-Natur), so wie man sie sich teils als GLOBUS, teils als GLOBALES vorstellte, wenig zu tun hat.

Das TERRESTRISCHE, jetzt verstanden als das vereinte Wirken der von den Wissenschaften von der Kritischen Zone erkannten Agentien, wobei diese Wissenschaften mit zahllosen anderen Beteiligten mit entgegengesetzten Interessen um Legitimität und Autorität kämpfen, die alle andersartige positive Erkenntnisse vorweisen können – dieses TERRESTRISCHE entwirft buchstäblich eine andere Welt, die sich von der »Natur« ebenso unterscheidet wie von dem, was »menschliche Welt« oder »Gesellschaft« hieß. Die drei sind in Teilen politische Wesen, die aber nicht auf gleiche Weise den Boden besetzen, »Landnahme« betreiben.

Verständlich wird auch, dass zur Entdeckung dieser neuen Welt eine andere psychische Ausstattung erforderlich ist, eine andere *libido sciendi*, als zur Abenteuerfahrt zum GLOBALEN hin. In Schwerelosigkeit nach Emanzipation zu streben verlangt andere Qualitäten, als tief grabend sich emanzipieren zu wollen. Innovativ wirken, indem man alle Grenzen und Codes durchbricht, ist nicht, wie sich innovativ die Grenzen zunutze machen. Den Gang des Fortschritts feiern hat zwangsläufig eine andere Bedeutung, je nachdem, ob man dabei das GLOBALE anpeilt oder aber »entscheidende Schritte vorwärts« anstrebt, wo es um eine angemessenere Berücksichtigung der Reaktionen der ERDE auf unser Handeln geht.

In beiden Fällen handelt es sich zwar um positive Erkenntnisse, doch sind es nicht dieselben wissenschaftlichen Abenteuer, dieselben Laboratorien, dieselben Instrumente, dieselben Untersuchungen, und es sind auch nicht dieselben Forscher, die sich auf den einen oder den anderen Attraktor zubewegen.

Eine solche Unterscheidung hat den strategischen Vorteil, dass sie eine gewisse Kontinuität im Innovations-, Unternehmens- und Entdeckergeist sichert, die offenbar unerlässlich ist, sollen wenn schon nicht die Arbeiter der Autoindustrie, so doch die einstigen Modernen, die ebenfalls potenzielle Verbündete sind, nicht in Verzweiflung gestürzt werden. Modifiziert wird lediglich der Punkt, an dem dieser Geist angesetzt wird.

Damit eröffnet sich eine neue Epoche der »großen Entdeckungen«, die allerdings weder der früheren extensiven Eroberung einer von ihren Bewohnern entleerten Neuen Welt ähneln noch der verzweifelten Flucht in eine Form der Hyper-Neo-Modernität, sondern viel eher dem Graben in der tausendfach gefalteten ERDE.

Eine ERDE, die, wie wir mit einer Mischung aus Begeisterung und Schrecken lernen, eine Menge Tricks auf Lager hat und sich *als Dritte* in alle unsere Handlungen einschleicht. In beiden Fällen handelt es sich durchaus darum – um einen der Antriebe der modernen Tradition zu bewahren –, *fortzufahren*, dabei aber nicht dieselben Verbote zu brechen und nicht dieselben Herkulessäulen zu überspringen.

18.

Die Aufmerksamkeit von der »Natur« auf das TERRESTRISCHE zurückzulenken könnte die Verbindungslosigkeit beenden, die seit dem Auftauchen der Klimabedrohung die politischen Positionen mit der Folge verfestigt hat, dass die Verknüpfung der sozialen mit den ökologischen Kämpfen riskant wurde.

Mit der neuen Verbindung ist gemeint, dass wir von einer auf *Produktionssysteme* geeichten Analyse zu einer auf *Erzeugungssysteme* geeichten Analyse überwechseln. Die beiden Analysen unterscheiden sich zunächst entsprechend ihrem jeweiligen Prinzip: Freiheit das eine, Abhängigkeit das andere. Dann durch die Rolle, die sie jeweils dem Menschen zuweisen: zentral für die eine, verteilt für die andere. Schließlich durch die Art von Bewegungen, denen sie sich widmen: Mechanik die eine, Entstehung die andere.

Dem Produktionssystem lag eine bestimmte Auffassung von Natur, Materialismus und der Rolle der Wissenschaften zugrunde; es wies der Politik eine andere Funktion zu und beruhte auf einer Trennung der menschlichen Akteure von ihren Ressourcen. Ihm lag die Vorstellung zugrunde, dass die Freiheit der Menschen sich in einem natürlichen Rahmen entfalten würde, in dem es möglich wäre, für jede Eigenschaft präzise Grenzen zu erkennen.

Dagegen setzt das Erzeugungssystem Agentien, Akteure, lebende Wesen in Verbindung, die alle zu spezifischen Reaktionen fähig sind. Es geht nicht von derselben Auffassung von Materialität aus, weist nicht dieselbe Epistemologie auf und führt nicht zu derselben Politik wie das Produktionssystem.

Tatsächlich ist es nicht daran interessiert, für Menschen Güter aus Ressourcen zu produzieren, *sondern* Erdgeschöpfe zu erzeugen – alle Erdgeschöpfe und nicht nur Menschen. Ihm liegt die Idee zugrunde, Bindungen zu kultivieren, was umso schwieriger zu bewerkstelligen ist, als die Lebewesen keine Grenzen aufweisen und sich fortwährend überlagern und ineinander verschränken.

In Konflikt geraten die beiden Systeme, da eine andere Autorität in Erscheinung getreten ist und sie zwingt, alle alten Fragen neu zu stellen, nicht mehr allein aus dem Blickwinkel des Emanzipationsprojekts, sondern von neuerlich gefundenen Qualitäten der Abhängigkeit aus.

Abhängigkeit wird zunächst das Emanzipationsprojekt begrenzen, dann es komplexer werden lassen, schließlich zwingen, es verstärkt wiederaufzugreifen. Als würde man erneut mit einer dialektischen Pirouette das hegelsche Projekt auf die Beine stellen.[85] Als hätte der GEIST nie aufgehört, sich zu verkörpern.

Diese neue Form des Verpflichtetseins soll mit der

Aussage hervorgehoben werden: Den Planeten (eigentlich müsste es heißen: die Kritische Zone), auf dem die Utopie der Modernisierung oder der Minus-Globalisierung Schutz findet, gibt es nicht. Wie könnten wir leugnen, dass wir vor einer *anderen Macht* stehen, die andersartige Schranken als die früheren sogenannten »natürlichen« auferlegt?[86]

Just diesen Autoritätskonflikt hatten die obskurantistischen Eliten präzise ausgemacht, als sie sich entschlossen, die gemeinsame Welt nicht länger mit dem Rest der neun Milliarden Normalbürger zu teilen, deren Schicksal ihnen angeblich doch so sehr am Herzen lag. Enthüllen sie nicht gerade dadurch die neue *Autorität*, vor der sie ihre Untaten zu kaschieren suchen?[87]

Es war immer dieser alte Widerspruch, der am 12. Dezember 2015 beim Beschluss des Pariser Klimaabkommens noch einmal in diplomatischer Form ausbrach, als jede Delegation insgeheim murmelte: »Aber dann existiert ja gar keine Welt mehr für unsere kumulierten Entwicklungsprojekte! ?«

Wer aber hat dann die Unterschrift dieser 175 Staaten erreicht, wenn nicht eine Art von Souveränität, die zu respektieren sie gewillt waren und die sie drängte, sich zu verständigen? Wie sollen wir sie bezeichnen – wenn nicht als *Macht*, von der die Staatschefs *dominiert* werden und der sie eine wenn auch noch vage Form von *Legitimität* zubilligen?

Derselbe Widerspruch findet seinen resümierenden Ausdruck im Begriff des Anthropozäns, wie sehr auch noch um dessen Datierung und Definition gerungen wird. »Das System Erde reagiert von nun an auf euer Handeln so, dass euch kein stabiler und indifferenter Rahmen mehr bleibt, in dem ihr eure Modernisierungswünsche ablegen könnt.« Trotz aller Kritik an diesem

Konzept stellt das auf einen geologischen Zeitabschnitt angewandte Präfix »anthropo-« das Symptom einer Repolitisierung aller den Planeten betreffenden Fragen dar. Als hätte man auf alle früheren natürlichen Ressourcen das Etikett »Made in Human« geklebt.[88]

Und klar vor Augen trat dieser Widerspruch schließlich an dem Tag, an dem Trump im Rosengarten des Weißen Hauses triumphal den Austritt aus dem Pariser Abkommen verkündete. Eine Kriegserklärung, die es erlaubt, alle anderen Länder wenn nicht mit Truppen zu besetzen, so doch mit CO_2 zu überschwemmen; und das Recht dazu behält sich die USA stets noch vor.

Versuchen Sie dann einmal den anderen Unterzeichnern des Abkommens plausibel zu machen, dass die Vereinigten Staaten nicht buchstäblich über sie herfallen, wenn sie die Zusammensetzung ihrer Atmosphäre beeinflussen, obwohl sie Tausende Kilometer entfernt sind! Hier äußert sich auf neue Art und Weise das *Recht* auf Herrschaft im Namen einer neuen Fassung der Ideologie des *Lebensraums*.[89]

Wenn wir davon ausgehen, dass die Widersprüche die politische Geschichte antreiben, dann ist es die Abhängigkeit von dieser neuen Form von gleichermaßen sehr alter und sehr neuartiger Autorität, die den Widerspruch zwischen Produktionssystem und Erzeugungssystem noch verschärft.

Ein weiterer Unterschied der beiden Systeme beruht in der Rolle, die dem Menschen zugeschrieben wird, eine unmittelbare Folge dieses neu auftauchenden Autoritätsprinzips.

Seit hundert Jahren wird erbittert darum gerungen, ob die Fragen der Natur zur Aufgabe des Anthropozentrismus zwingen oder ob im Gegenteil der Mensch im Zentrum bleiben sollte – als ob zwischen einer mehr oder weniger tief gehenden und einer mehr oder weniger »humanistischen« Ökologie zu wählen wäre.

Natürlich gibt es keine andere Politik als die der Menschen und für die Menschen! Das war noch nie das Thema, vielmehr geht es seit je um *Form und Zusammensetzung des Menschen.*

Das Neue Klimaregime stellt nicht die zentrale Position des Menschen infrage, sondern hinterfragt dessen Zusammensetzung, Präsenz, Gestaltung und letztlich dessen Schicksal. Wenn Sie das alles verändern, ändern Sie auch die Definition *seiner Interessen*.

In den Augen der Modernen ließ sich der Mensch unmöglich an einem genau festgelegten *Ort* situieren. Er war entweder ein Naturwesen wie alle anderen (im klassischen Sinn der Universum-Natur) oder das einzigartige Wesen, das sich dank seiner Seele, seiner Kultur oder seines Verstandes von der (immer noch auf traditionelle Weise aufgefassten) Natur abzusetzen vermochte. Dieses ständige Oszillieren dadurch zu stoppen, dass man die Menschheit in einer genau festgelegten Landschaft ansiedelt, gelang nie.

Die Situation ändert sich heute, weil die Klimakrise die Fixpunkte *beider Teile* nachhaltig erschüttert: den Begriff der Natur wie den des Menschen.

Was den Gedanken einer Entscheidung für oder gegen den Anthropo*zentrismus* sehr plausibel macht, ist der Umstand, dass es *ein Zentrum* gibt, oder vielmehr zwei, Mensch und Natur, zwischen denen angeblich zu wählen ist. Noch bizarrer: dass dieser Kreis so genau definierte Ränder hat, dass alles Übrige draußen bleibt. Als ob es ein Außen gäbe!

Das Neue Klimaregime besteht genau darin: dass wir nicht mehr wissen, wovon unser Überleben abhängt. Dezentrierung ist schon deshalb nicht geboten, weil es schlicht keinen Kreis gibt. Für die ERDE mehr noch als für das unendliche Universum gilt, dass, wie Pascal meinte, »deren Mittelpunkt überall und deren Peripherie nirgendwo ist«.[90]

Um diesen Punkt hervorzuheben, ist es vielleicht an der Zeit, nicht mehr von Menschen, Humanwesen, zu sprechen, sondern von Terrestrischen, von Erdverbundenen (*earthbound*), um damit den *Humus*, letztlich den *Kompost* herauszustreichen, der in der Etymologie von »human« steckt. (Erdverbunden hat den Vorteil, dass es weder Geschlecht noch Gattung genauer angibt …)

»Wir sind Erdverbundene inmitten von Erdverbundenen« *ist nicht dieselbe politische Aussage* wie »Wir sind Menschen in der Natur«. Die beiden sind nicht aus demselben Holz geschnitzt – oder vielmehr: aus demselben Lehm geformt.

Der dritte Unterschied zwischen Produktions- und Erzeugungssystemen gründet in der Möglichkeit, die Wirkkräfte zu vermehren, ohne dafür *die Verhaltensweisen naturalisieren* zu müssen. Materialistisch zu werden bedeutet nicht zwangsläufig, die Welt auf Objekte zu reduzieren, vielmehr die Liste der zu berücksichtigenden Bewegungen zu erweitern, genauer die Entstehungsbewegungen, die sich mit dem Blick von Sirius aus nicht von Nahem verfolgen lassen.

Die Erdverbundenen stehen tatsächlich vor dem sehr heiklen Problem herauszufinden, wie viel *andere Wesen* sie zum Überleben benötigen. Indem sie deren Liste erstellen, entwerfen sie ihr *Lebensterrain* (mit diesem Ausdruck lässt sich das Wort »Territorium« vermeiden, das zu oft mit dem Hoheitsgebiet eines Staates gleichgesetzt wird).

Den Spuren der Erdverbundenen folgen heißt, die

Konflikte um die Deutung dessen, was diese oder jene Wirkkraft ist, will oder kann, auch darauf auszudehnen, was andere Wirkkräfte sind, wollen oder können – und das betrifft die Arbeiter ebenso wie die Vögel im Himmel, die Populären und Erfolgreichen wie die Bakterien im Boden, die Wälder ebenso wie die Tiere.[91] Was wollt ihr? Wozu seid ihr imstande? Mit wem seid ihr bereit zusammenzuleben? Wer kann euch gefährlich werden?

Damit wird auch die Klippe vermieden, zu glauben, es sei möglich, mit den sogenannten »natürlichen« Akteuren harmonisch und in Wohlgefallen zu leben. Gesucht wird nicht die Eintracht mit allen diesen übereinander lagernden Akteuren, sondern es soll gelernt werden, wie man von ihnen abhängt. Weder Reduktion noch Harmonie. Nur wird die Liste der Wirkkräfte immer länger; ihre Interessen überlagern sich. Will man sich hier zurechtfinden, müssen alle Forschungskräfte aufgeboten werden.

In einem Erzeugungssystem stellen sich alle Wirkkräfte, alle Lebewesen die Frage, ob sie Nachfahren haben und sich in Vorfahren wiedererkennen, kurz, ob sie Verwandtschaftslinien erkennen und sich darin einfügen, denen es gelingt zu überdauern.[92]

Den einstigen Modernen erschien dieses Vorgehen in höchstem Maße kontraintuitiv. Mit ihnen musste stets zwischen dem mit einem Hackbeil fein säuberlich für immer getrennten Alten und Neuen gewählt werden. Die Vergangenheit war nicht mehr das, was den *Übergang* ermöglichte, sondern das, was einfach nur *vergangen* war. Über diese Wahl zu diskutieren, zu zögern, zu verhandeln, sich Zeit zu nehmen hieß, am Zeitpfeil zu zweifeln – hieß, sich alt aussehen zu lassen.

Der perverse Charakter der Modernisierungsfront liegt darin, dass sie, indem sie den Begriff der Tradition verächtlich als etwas Verstaubtes abtat, jede Form von Weitergabe, Erbschaft, Wiederaufnahme und also Transformation, kurz: Erzeugung hintertrieb. Und das gilt für die Erziehung der Kleinkinder ebenso wie für Landschaften, Tiere, Regierungen oder Gottheiten.

Gefangen in einem Produktionssystem, sind allein Menschen in der Lage, im Angesicht der Katastrophe zu revoltieren – allerdings immer zu spät; in einem Erzeugungssystem kann *sehr viel mehr Geschrei* vernehmbar werden. Nicht nur *Gesichts*punkte, *Lebens*punkte finden sich vermehrt.[93]

Das Umschwenken von einem Produktionssystem zu einem Erzeugungssystem ermöglicht es, die Quellen für Revolten gegen die Ungerechtigkeit zu multiplizieren und folglich die Palette der potenziellen Verbündeten in den zu führenden Kämpfen für das TERRESTRISCHE erheblich zu *verbreitern*.

Würde ein solcher Wechsel der Geopolitik aus einer philosophischen Entscheidung erwachsen, bliebe er kraftlos. Bis zum Auftauchen des Neuen Klimaregimes schien ein solcher Wechsel übrigens unwahrscheinlich, abwegig, apokalyptisch.

Jetzt profitieren wir gewissermaßen von der Unterstützung entfesselter Akteure, die erzwingen, dass wir uns nochmals die Definition dessen vornehmen, was ein Mensch, ein Territorium, eine Politik, eine Zivilisation ist.

Die aktuelle Situation, von der Seite aus gesehen, besteht nicht nur aus einem im Verlauf der materiellen Geschichte innerhalb des Produktionssystems vielfach auftretenden Widerspruch, sondern aus dem Widerspruch zwischen Produktionsprozess auf der einen und Erzeugungsprozess auf der anderen Seite. Es ist eine Frage der Zivilisation und nicht nur der Ökonomie.

Um vom einen zum anderen System umschwenken zu können, müssen wir lernen, uns von der Herrschaft der Ökonomisierung zu befreien, dieses Blicks von Sirius auf die ERDE, der sie nur verdunkelt.[94] Wie, um ihn noch einmal anzuführen, Polanyi schrieb, war die »säkulare Religion« des Marktes *nicht von dieser Welt.*[95] Dessen Materialismus ist ein Idealismus, der durch die Klimaveränderung noch immaterieller wurde. Sich den Boden wieder anzueignen heißt, gegen die Invasion jener Art Extraterrestrischen zu kämpfen, die andere Interessen, andere Temporalitäten als die Innerterrestrischen aufweisen und die buchstäblich verbieten, dass irgendein beliebiges Wesen *in die Welt gesetzt wird.*

Was seit Anfang dieses Essays anvisiert war, kann jetzt benannt werden: Das TERRESTRISCHE ist noch keine *Institution*, aber *bereits* ein Akteur, dessen politische Rolle eine andere ist als die der »Natur« der Modernen zugeschriebene.[96]

Die neuen Konflikte ersetzen nicht die alten, sondern spitzen sie zu, entfalten sie auf andere Weise, und vor allem ermöglichen sie es, die alten Konflikte zu orten. Zu kämpfen, um sich dieser oder jener Utopie des GLOBALEN oder des LOKALEN anzuschließen, wirkt sich auf andere Weise klärend aus, als wenn man darum kämpft, auf der ERDE zu landen!

(Übrigens mag es an der Zeit sein, außer mit Bezug auf ein wissenschaftliches Gebiet, auf das Wort »Ökologie« zu verzichten. Es gibt nur Fragen von Lebensterrains mit oder gegen andere Erdverbundene, die vor denselben Herausforderungen stehen. Das Adjektiv *politisch* – ist erst einmal die Bedeutung von *polis*, die es lange Zeit einschränkte, erweitert – sollte in Zukunft genügen, sie zu bezeichnen.)

Wir stehen endlich in einer eindeutigen Kriegssituation, freilich eines komischen Krieges, einer *drôle de guerre*: offen erklärt und zugleich verschleiert![97] Einige sehen ihn überall, andere ignorieren ihn völlig.

Wenn wir bis zum Äußersten dramatisieren, können wir sagen, dass es sich um einen Konflikt handelt zwischen den modernen Menschen, die sich im Holozän allein auf der Flucht hin zum Globalen oder auf dem Exodus hin zum Lokalen wähnen, und den Erdverbundenen, die sich im Anthropozän wissen und mit anderen Erdverbundenen unter der Autorität einer Macht ohne bereits gesicherte politische Institution zusammenzuleben suchen.

Und dieser zugleich zivile und moralische Krieg spaltet im Innern jeden von uns.

19.

Die Achillesferse eines jeden Textes, der politische Affekte auf neue Schwerpunkte und Herausforderungen hin kanalisieren will, liegt darin, dass der Leser am Ende zu Recht erklären kann: »Das ist ja alles gut und schön. Die Hypothese mag ja trotz fehlender Belege reizvoll sein, aber was macht man praktisch damit und was ändert das für mich?«

»Soll ich mich in die Permakultur stürzen,[98] mich an die Spitze der Demonstration stellen,[99] das Winterpalais stürmen, den Lehren des heiligen Franziskus folgen,[100] Hacker werden, Nachbarschaftsfeste organisieren, Hexenrituale wieder einführen,[101] in künstliche Photosynthese investieren,[102] oder wollen Sie etwa, dass ich die Spur von Wölfen aufnehme?«[103]

»Sie geben mir«, fahren Sie fort, »ein Schema zur ›Triangulierung‹ der Positionen meiner Freunde und meiner Feinde, aber außer dass ich darauf Pfeile werfe, um zu schauen, ob sie sich von dem jeweiligen Pol entfernen oder sich ihm nähern, stehe ich ohne alles da.«

Absicht dieses Essays ist sicher nicht zu frustrieren, aber man darf von ihm auch nicht verlangen, dass er schneller ist als die sich vollziehende Geschichte: Das TERRESTRISCHE ist allen bekannt – wem ist der Verzicht auf die moderne Standortbestimmung nicht gegenwärtig? –, und zugleich verfügt das Neue Klimaregime über keine gemeinsame Institution. In diesem Zwischenzustand, dieser *drôle de guerre* befinden wir uns, sind zugleich mobilisiert für die Front vorne und demobilisiert für die Etappe hinten.

Die Situation ist umso unsicherer, als das TERRESTRISCHE sowohl leer ist als auch bevölkert. Es gibt unzählige Initiativen für ein Zurück zum Boden, die Wendung findet sich überall, in Kunstausstellungen wie Wissenschaftszeitschriften, dann, wenn wieder Gemeineigentum propagiert wird oder verlassene Landstriche wiederbesiedelt werden. Auch wenn man sich dessen bei Wahlen oder beim Blick in die diversen Medien mangels eines anderen Koordinatensystems nicht bewusst ist: Es ist alles schon gelaufen – die große Verlagerung hat bereits stattgefunden.[104]

Und dabei ist der dritte Attraktor zugegebenermaßen äußerlich nicht sehr anziehend. Er erfordert zu viel Pflege, zu viel Aufmerksamkeit, zu viel Zeit, zu viel Diplomatie. Selbst heute noch erstrahlt das GLOBALE, macht frei, löst Begeisterung aus, lässt wegschauen, emanzipiert es und vermittelt es den Eindruck ewiger Jugend. Nur existiert es nicht. Sicherheit, Ruhe, eine Identität gibt dagegen das LOKALE. Aber auch das existiert nicht.

Dennoch sollte die anfangs gestellte Frage sich ihrem Sinn nach geändert haben: Wie kann man das Gefühl von Beschütztsein vermitteln, ohne sogleich wieder auf Identität und die Verteidigung der Grenzen zu pochen? Anhand zweier sich ergänzender Bewegungen, die durch die Modernisierung in wechselseitigen Widerspruch gesetzt wurden: *sich* an einen Boden *binden* einerseits; *welthaft werden* andererseits.

Der Attraktor des TERRESTRISCHEN – klar geschieden von der »Natur« und nicht den ganzen Planeten meinend, sondern nur die dünne Schicht der Kritischen Zone – vereint die gegensätzlichen Figuren von Boden und Welt. Ein Boden, der nichts mit dem LOKALEN zu tun hat, und eine Welt, die weder der Minus-Globalisierung noch der planetarischen Sichtweise ähnelt.

Vom Boden erbt er die Materialität, die Heterogenität, die Dichte, den Staub, den Humus, die Abfolge der Schichten, Straten, die verblüffende Komplexität, die kontinuierliche und aufmerksame Pflege, die er erfordert. Er ist also das genaue Gegenteil eines Bodenuntergrunds, der durch ein Entwicklungs- oder Immobilienprojekt in Besitz genommen werden kann. Der so verstandene Boden lässt sich nicht aneignen. Man gehört ihm, er gehört niemandem.

Aber er erbt auch von der Welt, diese nicht als Gestalt des GLOBALEN verstanden – der mit den Auswüchsen des Modernisierungsprojekts assoziierten *Minus*-Globalisierung –, sondern als die immer noch aktive Welt des GLOBUS, die *Plus*-Globalisierung, das heißt das Erfassen der Existenzformen, die es verbieten, sich auf eine Lokalität zu beschränken, sich hinter einer beliebigen Grenze zu verschanzen.

Der Boden ermöglicht Bindung; die Welt Entbindung. Bindung erlaubt, auf die Illusion eines Großen Außen, Entbindung, auf die Illusion von Grenzen zu verzichten. Das ist das Spielsystem, das es zu berechnen gilt.

Ein Merkmal dieses dem Neuen Klimaregime eigentümlichen Geschichtsakteurs bringt uns glücklicherweise einer Lösung näher, denn der Wechsel vom LOKALEN zum GLOBALEN vollzieht sich nicht in einer Abfolge ineinandergefügter Ebenen, diese Illusion, wie sie etwa Google Earth beim Zoomen vermittelt.

Es ist sinnlos, die Wesen, welche die im Kampf befindlichen Territorien beleben, aus denen das TERRESTRISCHE besteht, wieder hinter nationale, regionale, ethnische, identitäre Grenzen drängen zu wollen; genauso sinnlos ist es aber auch, sich aus diesen Territoriumskämpfen herauszuhalten, um sich »auf das Niveau des Globalen« zu erheben und die ERDE »als ein Ganzes« zu erfassen. Denn das TERRESTRISCHE ist gerade durch die Subversion der zeitlichen wie räumlichen Stufen und Grenzen definiert. Diese Macht wirkt überall gleichzeitig, weist allerdings keine Einheit auf. Sie ist politisch, aber nicht staatlich. Sie ist buchstäblich atmosphärisch.

In diesem sehr praktischen Sinn verteilt das TERRESTRISCHE die Politik neu. Jedes Wesen, das einen Bestandteil eines Lebensterrains bildet, besitzt *seine ihm eigene Weise*, um zu orten, was lokal und was global ist, und um seine Verschränkung mit den anderen zu bestimmen.

CO_2 weist nicht dieselbe räumliche Verteilung wie der städtische Verkehr auf; wasserspeicherndes Gestein ist nicht in gleicher Weise lokal wie Vogelgrippe; Antibiotika globalisieren die Welt ganz anders als islamistische Terroristen;[105] Städte bilden nicht dieselben Räume aus wie Staaten; Cayenne, der Hund von Donna Haraway, zwingt seine Herrin zu Ortsveränderungen, an die sie nie gedacht hätte;[106] die auf Kohle begründete Ökonomie lässt, wie gesehen, nicht dieselben Kämpfe hervortreten wie die auf Erdöl basierte. Und so weiter und so fort.

GLOBALES wie LOKALES bieten nur unzureichende Zugriffe auf das TERRESTRISCHE, was die gegenwärtige Hoffnungslosigkeit erklärt: Wie soll man mit gleichzeitig so riesigen wie winzigen Problemen umgehen? Tatsächlich Grund genug, dass einen der Mut verlässt.

Was tun? *Zunächst beschreiben.* Wie könnten wir politisch handeln, wenn wir vorher nicht Lebewesen für Lebewesen, Kopf für Kopf, Zentimeter für Zentimeter inventarisiert und vermessen haben, woraus sich das TERRESTRISCHE für uns zusammensetzt? Wir könnten dann zwar kühne Thesen propagieren und für respektable Werte eintreten, aber unsere politischen Affekte liefen ins Leere.

Jede Politik ist unehrlich, die nicht den Vorschlag macht, zuerst die unsichtbar gewordenen Lebensterrains wieder zu beschreiben. Diese Etappe zu überspringen darf man sich nicht erlauben. Nichts ist politisch verlogener und schamloser als Programme lancieren.

Die Politik ist deshalb substanzlos geworden, weil sie die unartikulierte Klage der Zu-kurz-Gekommenen und Ausgestoßenen mit einer Repräsentation kombiniert, die an der Spitze derart verfestigt ist, dass beide tatsächlich unvergleichbar sind. Das heißt dann Repräsentationsdefizit.

Doch welches Lebewesen ist imstande, das, wovon es abhängt, auch nur einigermaßen genau zu beschreiben? Die Minus-Globalisierung hat dies gleichsam unmöglich gemacht – und das war auch ihr primäres Ziel: den Protesten dadurch den Wind aus den Segeln zu nehmen, dass verunmöglicht wurde, weiter dem Produktionssystem zu folgen.

Deshalb ist es so wichtig, eine Anfangsphase vorzuschlagen, in der die *Verfestigung* aufgebrochen wird, um zunächst einmal die Darstellung der Landschaften zu verfeinern, in denen die geo-sozialen Kämpfe stattfinden – um sie danach neu zusammenzusetzen. Auf welche Weise? Na wie immer, von der Basis her, durch Erhebung und Untersuchung.

Dafür muss man bereit sein, die Lebensterrains als das zu definieren, *wovon ein Erdverbundener für sein Überleben abhängt*, und sich dann zu fragen, *welche anderen Erdverbundenen von ihm abhängig sind*.

Es ist unwahrscheinlich, dass dieses Territorium sich mit einer klassischen rechtlichen, administrativen oder geografischen Raumeinheit deckt. Im Gegenteil, die Konfigurationen werden quer durch alle raum-zeitlichen Ebenen verlaufen.

Ein Lebensterrain für einen Erdverbundenen zu definieren heißt, aufzulisten, was er für sein Überleben benötigt und was er folglich *bereit ist zu verteidigen*, wenn es sein muss mit seinem eigenen Leben. Das gilt für einen Wolf wie für eine Bakterie, für ein Unternehmen wie für einen Wald, für eine Gottheit wie für eine Familie. Dokumentiert werden müssen die Eigenschaften eines Erdverbundenen wie sein Besitz – von denen und dem er abhängt. Und zwar in einem Maße abhängt, dass er, wenn er dessen beraubt wird, verschwindet.

Natürlich liegt die Schwierigkeit darin, eine solche Liste zu erstellen. Hier ist der Widerspruch zwischen Produktionsprozess und Erzeugungsprozess am extremsten ausgebildet.

Im Rahmen des Produktionsprozesses lässt sich diese Liste leicht erstellen: Da sind Menschen und Ressourcen. Beim Erzeugungsprozess ist das sehr viel schwieriger, da die aufgelisteten Agentien, Akteure, Lebewesen, Wirkmächte ihren je eigenen Verlaufsweg und ihr je eigenes Interesse haben.

Tatsächlich ist ein Territorium nicht auf einen einzigen Typ von Agens bzw. Akteur beschränkt. Alle – nahe wie fernen – Lebewesen zusammen sind, wie Untersuchungen, wie Erfahrung, Gewohnheit, Kultur belegen, für das Überleben eines Erdverbundenen unentbehrlich.

Es geht darum, die Definitionen der Klassen zu erweitern, sie durch Erforschung all dessen, was zu überleben erlaubt, auszudehnen. Woran hängen Sie am meisten? Mit wem können Sie leben? Wessen Überleben hängt von Ihnen ab? Gegen wen werden Sie kämpfen müssen? Wie lassen sich alle diese Agentien und Akteure ihrer Wichtigkeit nach in eine Rangfolge bringen?

Erst wenn man sich derartige Fragen stellt, merkt man, wie ignorant man ist. Wann immer man mit solchen Untersuchungen beginnt, ist man am Ende überrascht, wie abstrakt die Antworten ausfallen.[107] Und dabei stößt man überall auf Fragen der Erzeugung, im Rahmen von Gender, Rasse, Erziehung ebenso wie in dem von Ernährung, Beruf, technischer Innovation, Religion oder Freizeitverhalten. Nur sind die näheren Umstände unserer Unterwerfungen und Gebundenheiten durch die Minus-Globalisierung buchstäblich aus dem Blick geraten. Von daher die Versuchung, es bei allgemeinen Klagen zu belassen, und der Eindruck, über kein Mittel mehr zu verfügen, um seine Situation zu verändern.

Der Einwand wird nicht ausbleiben, dass eine Neubeschreibung der Lebensterrains unmöglich sei, eine derartige politische Geografie sinnlos und daher noch nie zustande gekommen.

Dabei gibt es in der Geschichte Frankreichs eine Episode, die durchaus eine Vorstellung von einem solchen Unternehmen vermitteln könnte: das Verfassen der *Cahiers de doléances*, der Beschwerdehefte, von Januar bis

Mai 1789, bevor dann die revolutionäre Wende die Schilderung der Beschwerden in eine Frage des Regimewechsels – monarchisch oder republikanisch – umbog, also *bevor* alle Beschreibungen sich zur klassischen Figur der Politik als *totale Frage verfestigten*. Eine Figur, die heute in der monströsen und lähmenden Frage der Ersetzung des Kapitalismus durch ein anderes Regime ihre Wiederkehr feiert.

Auf Geheiß eines durch ein finanzielles Desaster und widrige klimatische Verhältnisse in Bedrängnis geratenen Königs gelingt es allen Dörfern, Städten, Gemeinden, nicht zu vergessen den drei Ständen, in wenigen Monaten eine recht präzise Beschreibung ihres Lebensmilieus abzugeben, und zwar bezogen auf jede einzelne Vorschrift, jedes kleinste Stück Land, jedes Privileg, jede einzelne Steuer.[108]

Natürlich fiel die Beschreibung zu einer Zeit leichter, da die Privilegierten, denen man auf Schritt und Tritt begegnete, müheloser zu erkennen waren als heute; da das Territorium, das einem das Überleben sicherte, mit einem Blick übersehen werden konnte – wobei »Überleben« hier im entsetzlich präzisen Sinne dessen zu verstehen ist, was wenigstens schlimmsten Hunger verhinderte.

Dennoch, welch eine Leistung! Darstellungen der Erstürmung der Bastille oder der Kanonade von Valmy sollen uns immer wieder gleichsam voller Begeisterung erbeben lassen; dabei ist der einzigartige Charakter dieses Schreibens, dieser *Geo-Grafie* der Beschwerden nicht weniger bedeutsam. In Unruhe versetzt durch die allgemeine Krise, stimuliert durch kursierende Vordrucke, war ein Volk, dem nachgesagt wurde, völlig unfähig zu sein, in wenigen Wochen in der Lage, sich Konflikte um Territorien vorzustellen, auf deren Reform es drängte.

Als Volk zu existieren und seine Lebensterrains beschreiben zu können ist ein und dasselbe – und gerade darum hat uns die Minus-Globalisierung gebracht. Fehlt Territorium, *scheitert* am Ende auch das Volk.

Diese Episode zeigt modellhaft, wie von der Basis aus die Beschreibung der Lebensterrains wiederaufgegriffen werden könnte; ein umso beeindruckenderer Vorgang, als er augenscheinlich nie wieder versucht wurde.

Hat sich die Politik in Frankreich seit jener vorrevolutionären Phase tatsächlich nie mehr derart detailliert mit ihren eigenen materiellen Kernfragen befasst? Sollten wir tatsächlich weniger als unsere Vorfahren in der Lage sein, unsere Interessen, unsere Forderungen, unsere Beschwerden konkret zu formulieren?

Auch wenn dies der Grund für die augenscheinliche Substanzlosigkeit der Politik ist, warum sollten wir nicht zu einem Neuanfang imstande sein? Trotz der Löcher, die die Minus-Globalisierung überall hinterlassen hat und die es so schwierig machen, unsere Bindungen zu erkennen, fällt es schwer zu glauben, dass wir zu ebensolchen Leistungen außerstande sein sollen.

Wenn es stimmt, dass durch das Verschwinden des Attraktors des GLOBALEN alle Lebensprojekte der Erdverbundenen – und das gilt nicht nur für die Menschen – orientierungslos geworden sind, muss die vorrangige Aufgabe darin bestehen, sich wieder an die Arbeit zu machen und alle Lebewesen zu beschreiben. Das Experiment ist es jedenfalls wert, durchgeführt zu werden.

An der gegenwärtigen Situation frappiert, wie sehr die scheiternden Völker, weil ihnen eine Vorstellung ihrer selbst und ihrer eigenen Belange fehlt, sich in die Irre geführt und verloren fühlen und sich alle auf dieselbe Weise verhalten – ob sie in Bewegung sind oder sich nicht rühren, ob sie emigrieren oder an Ort und Stelle bleiben, ob sie sich als Einheimische bezeichnen oder sich als Fremde fühlen: als hätten sie alle keinen beständigen und bewohnbaren Boden unter den Füßen und müssten irgendwohin flüchten.

Die Frage stellt sich, ob mit dem Auftauchen und der Beschreibung des Attraktors des TERRESTRISCHEN politisches Handeln wieder sinnhaft und richtungsweisend werden kann – und so der Katastrophe zuvorkommt: der überstürzten Flucht hin zum LOKALEN wie der Zerschlagung der sogenannten Weltordnung. Doch damit es eine Weltordnung gibt, müsste es zunächst einmal eine Welt geben, die durch einen solchen Versuch der Bestandsaufnahme zu einer gemeinsam geteilten gemacht würde.

Jetzt, Mitte 2017, fragen sich die Beobachter oder zumindest diejenigen mit etwas Gespür für die Situation voller Bangen, das sie nicht verbergen können, ob sich ein zweiter Sommer 1914 vermeiden lässt, der – diesmal nicht europäische, sondern weltweite – Selbstmord der Nationen, unter denen sich eine so tiefgreifende Depression ausgebreitet hätte, dass sie sich am Ende alle hineinstürzen, voller Begeisterung und Verzückung.

Und diesmal sollte nicht mehr auf die späte Hilfe der Vereinigten Staaten spekuliert werden …

20.

Nachdem ich dazu aufgerufen habe, sich erneut um Bestandsaufnahmen zu bemühen, wäre es unhöflich von mir, mich nicht vorzustellen.

Als aus der Provinz stammender Universitätsangehöriger bürgerlicher Herkunft, als Kind des Babybooms und folglich Zeitgenosse der »Großen Beschleunigung«, habe ich voll und ganz von der (Plus- wie Minus-)Globalisierung profitiert, ohne aber das Terroir vergessen zu haben, an das mich eine Familie von Winzern bindet – von Weinen der Bourgogne, die angeblich seit den Galliern global vertrieben wurden. Kein Zweifel, ich bin ein Privilegierter. Den Lesern steht es frei zu entscheiden, ob ich damit überhaupt befugt bin, über diese geo-sozialen Konflikte zu sprechen.

Unter den zahlreichen Bindungen, die mir Halt geben, möchte ich zwei genauer angeben: Die eine bezieht sich auf die Kritischen Zonen, zu denen ich gerade forsche und über die ich später veröffentlichen will; mit der zweiten möchte ich die hier vorgelegten Reflexionen beschließen.

Landen heißt zwangsläufig, an einer bestimmten Stelle zu landen. Das Folgende soll als Eröffnung zu einer höchst riskanten diplomatischen Unterredung mit denjenigen verstanden werden, mit denen man zusammenleben will. Nun, ich möchte in Europa landen!

Europa, dieser Alte Kontinent, hat sich geopolitisch verändert, seit das Vereinigte Königreich den Glauben gewann, ihn verlassen zu müssen, und seit die Neue Welt dank Trump dabei ist, in einer Version der Modernität zu erstarren, die sich offenbar die fünfziger Jahre des letzten Jahrhunderts zum Vorbild nimmt.

Ich möchte mich dem zuwenden, was ich nicht ohne Zögern *das europäische Vaterland* bzw. die *Heimat Europa* nenne. Europa steht allein, das stimmt, aber Europa allein ist auch in der Lage, den Faden seiner eigenen Geschichte wiederaufzunehmen. Weil es den Sommer 1914 erlebt und den Rest der Welt mit sich gerissen hat. Gegen die Globalisierung und gegen die Rückkehr zu nationalen und ethnischen Grenzen.

Europa wächst an seinen Fehlern. Im Kontext der Erzeugung und nicht mehr nur dem der Produktion ein alter Kontinent zu sein ist ein Vorteil, kein Nachteil. Bedeutet es doch, die Frage der Transmission, der Weitergabe wiederaufzugreifen wie auch, wieder Hoffnung zu schöpfen, dass der Moderne zum *Zeitgenossen* wird.

Dieses Europa der Regelungen und Arrangements, dieses »Brüsseler« Europa wird des Bürokratismus geziehen. Und dennoch bietet es als rechtliche Erfindung eine der interessantesten Antworten auf die jetzt überall florierende Idee, wonach nur der Nationalstaat in der Lage sei, die Völker abzusichern und zu schützen.

Durch eine unglaubliche Bastelarbeit ist es der Europäischen Union gelungen, auf vielfache Weise die Überlappung, Überlagerung, den *overlap* der verschiedenen nationalen Interessen zu materialisieren. Mit ihrem vielfältig verzahnten Regelwerk, das die Komplexität eines Ökosystems erreicht, weist sie den Weg. Genau diese Art Erfahrung ist gefragt, wenn wir den alle Grenzen überwindendenden Klimawandel in Angriff nehmen wollen.

Gerade die Schwierigkeiten des Brexit, aus der EU auszusteigen, belegen, wie originell die Konstruktion ist, ist durch sie doch die Vorstellung einer durch undurchlässige Grenzen eingehegten Souveränität komplizierter geworden. Damit ist die eine Frage gelöst: Stellte der Nationalstaat lange Zeit über den Vektor der Modernisierung gegenüber den überlieferten Zugehörigkeiten dar, ist er jetzt nur noch ein anderer Name für das LOKALE – und nicht mehr der für die bewohnbare Welt.

Kontinentaleuropa wird der Sünde des Ethnozentrismus bezichtigt und der, die Weltherrschaft beansprucht zu haben, so dass es jetzt »provinzialisiert« und auf für alle gerechtere Dimensionen zurechtgestutzt werden muss.[109] Doch gerade diese Provinzialisierung stellt heute seine Rettung dar.

Peter Sloterdijk hat einmal geäußert, Europa sei der Klub der Nationen, die definitiv auf Großmachtfantasien verzichtet hätten. Mögen die Verfechter des Brexit, die Wähler Trumps, die Türken, Chinesen, Russen sich ruhig weiter den Träumen imperialer Herrschaft hingeben.[110] Wir wissen, dass sie trotz ihres immer noch bestehenden Drangs zur Herrschaft über ein kartografisch verstandenes Territorium ebenso wenig Aussichten haben wie wir, die ERDE zu beherrschen: Denn heute beherrscht diese uns genauso wie sie.

Europa weiß, wie brüchig sein Besitzanspruch auf den globalen Raum ist. Sein Anspruch, die Weltordnung zu diktieren, ist hinfällig. Aber es kann beispielhaft zeigen, was es heißt, bewohnbaren Boden wiederzufinden.

Europa machte einst geltend, den GLOBUS im Sinne eines durch kartografische Instrumente eingefangenen Raums erfunden zu haben. Also ein Koordinatensystem, das so mächtig – zu mächtig – ist, dass es die Vielfalt der Lebensformen einzubringen, zu registrieren, zu bewahren erlaubt. Damit gewinnt die Vorstellung einer gewiss vereinfachten, ethnozentrischen, objektivierenden, aber eben: gemeinsamen Welt eine erste konkrete Gestalt.

Gegen diese zu kartografisch geprägte, zu vereinheitlichende Sicht der Welt ist vieles vorgebracht worden, auch von mir selbst; dennoch eröffnet sie die Möglichkeit, einen ersten Bezugsrahmen vorzuschlagen, um wieder eine diplomatische Initiative in Gang zu setzen.

Europa konnte nicht verhindern, dass ihm der GLOBUS entglitt und zum GLOBALEN mutierte. Daraus wächst ihm eine besondere Verantwortung zu. Ihm obliegt es, dieses Projekt zu »deglobalisieren« und ihm seine Kraft wiederzugeben. Allem zum Trotz kommt ihm immer noch die Aufgabe zu, die Souveränität jener Nationalstaaten, deren Vorbild es einst erfand, neu zu definieren.

Ohne Zweifel, Europa war gefährlich, als es sich imstande wähnte, die ganze Welt zu »beherrschen«; aber finden Sie nicht, dass es noch gefährlicher wäre, wenn es sich ganz kleinmachte und wie ein Mäuschen sich vor der Geschichte zu drücken versuchte? Wie könnte es sich seiner Berufung entziehen, an die von ihm erfundene Form der Modernität zu *erinnern* und zu *gemahnen*? Gerade wegen der von ihm begangenen Verbrechen darf es sich nicht kleinmachen.

Eines seiner kardinalen Verbrechen war der Glaube, sich unter Berufung auf die notwendige »Zivilisation« an Orten, auf Territorien, in Ländern und Kulturen festsetzen zu dürfen, deren Bewohner und Träger dafür entweder ausgerottet oder deren Lebensformen durch die seinen ersetzt werden mussten. Dieses Verbrechen hat bekanntlich das Bild und die wissenschaftliche Form des GLOBUS ermöglicht.

Aber dieses Verbrechen ist auch ein weiterer seiner Trümpfe: Es hat Europa für ewig aus der *Unschuld* gerissen, diesem Irrglauben, man könne die Geschichte neu erschaffen, indem man mit der Vergangenheit bricht, oder aber der Geschichte ernsthaft entkommen.

Wenn das erste Europa sich von unten her erschuf – auf der Basis von Kohle, Eisen und Stahl –, so wird das zweite sich *ebenfalls von unten her* erschaffen, nämlich von der schlichten Materie eines zumindest einigermaßen dauerhaften Bodens her. Wenn das erste vereinte Europa sich erschuf, um den Millionen »Displaced Persons«, wie es am Ende des letzten Weltkriegs hieß, ein gemeinsames Haus bereitzustellen, dann wird das zweite vereinte Europa sich durch und für die »Displaced Persons« von heute erschaffen.

Europa hat keinen Sinn, wenn es sich nicht in Bewegung setzt und auf die durch die Modernisierung eröffneten Abgründe zurückschaut. Damit gewinnt die Idee einer *reflexiven* Modernisierung ihre wahre Bedeutung.[111]

Auf jede nur mögliche Weise wird ihm ein anderer Sinn von Reflexivität aufgezwungen: als Rückschlag der Globalisierung. Sollte es ihn vergessen, werden die Migrationen es daran erinnern, dass es den Folgen seiner früheren Taten nicht entkommen kann.

Scheinheilige Demagogen empören sich, dass so viele Menschen die Grenzen Europas überqueren und sich »bei uns« schamlos niederlassen und so tun, als wären sie »bei sich zu Hause«. Daran hätte man früher denken sollen, vor den »großen Entdeckungen«, vor der »Kolonisierung«, vor der Dekolonisierung.

Wenn Sie Angst haben vor dem Großen Austausch, hätten Sie nicht beginnen dürfen, die »jungfräulichen Erden« durch unsere eigenen Lebensweisen zu ersetzen.

Es scheint, als hätte Europa mit den potenziellen Migranten einen hundertjährigen Pakt geschlossen: Wir sind zu euch gekommen, ohne etwas von euch zu verlangen; ihr kommt zu uns, ohne eurerseits etwas von uns zu verlangen. Eine Win-win-Situation. Der ist nicht zu entkommen. Da Europa einmal über alle Völker hergefallen ist, kommen nun alle Völker nach Europa.

Dies umso mehr, als Europa einen weiteren Pakt mit den anderen Erdverbundenen geschlossen hat, die sich nun ebenfalls in Marsch setzen und seine Grenzen überrollen wollen: die Gewässer der Ozeane, ausgetrocknete oder anschwellende Flüsse, Wälder, die rasch wandern müssen, um nicht von der Klimaveränderung erwischt zu werden, Mikroben und Parasiten – sie alle lechzen nach einem großen Austausch. Ihr seid zu uns gekommen, ohne etwas von uns zu verlangen; wir kommen zu euch, ohne etwas von euch zu verlangen. Nachdem von ihnen allen profitiert wurde, setzen sich diese zu rechtmäßigen Akteuren gewordenen Ressourcen, wie der Wald von Birnam, nun ihrerseits in Marsch, um sich ihr Hab und Gut zurückzuholen.

Zumindest auch auf seinem Territorium können die drei großen Fragen der Zeit zusammenlaufen: Wie kommen wir aus der Minus-Globalisierung heraus? Wie verkraften wir die Reaktion des Systems Erde auf die menschlichen Handlungen? Wie organisieren wir uns, um die Flüchtlinge aufzunehmen?

Das heißt nicht, dass die Länder der anderen Kontinente das alles unterlassen. Das heißt nur, dass Europa sich aufgrund seiner Geschichte als Erstes dazu verpflichten muss, da es für das Vorgefallene die Hauptverantwortung trägt.

Aber welches Europa? Wer ist Europäer? Wie lässt sich das wohlklingende Wort Lebensterrain mit diesem bürokratischen, seelenlosen Etwas assoziieren?

Seelenloses Europa?! Da kennt ihr Europa aber schlecht! Es spricht Dutzende von Sprachen – auch dank jener, die zu Millionen hierher geflohen sind. Es belegt von Norden nach Süden und von Osten nach Westen Hunderte verschiedener Ökosysteme. Überall, in jeder Bodenspalte, an jeder Straßenecke trägt es die Spuren der Schlachten, die jeden seiner Bewohner mit allen anderen verbunden haben. Es besitzt Städte, und was für welche! Europa ist das Archipel der Prunk- und Prachtstädte. Schaut euch diese Städte an und ihr begreift, warum man sich von überall her in Marsch setzt, um sich eine Chance zu ergattern, dort zu leben – und sei es an deren Peripherien.

Europa hat auf alle denkbaren Arten die Grenzen und Wirkungen der Souveränität gestrickt und wieder aufgetrennt. Es hat seit Jahrhunderten das Manna der Demokratie genossen. Es ist klein genug, um sich nicht für die ganze Welt zu halten, und groß genug, um sich nicht auf ein Fleckchen Erde zu beschränken. Es ist reich, unglaublich reich, und seinen Reichtum verdankt es einem Boden, der nicht vollständig verwüstet wurde – zum Teil, wie bekannt, weil es den der anderen besetzt und verwüstet hat.

Kaum zu glauben, aber es ist ihm gelungen, ländliche Regionen, Landschaften und Verwaltungen zu erhalten, selbst Wohlfahrtsstaaten, die noch nicht abgebaut wurden.

Ein weiterer, aus seinen Fehlern erwachsender Vorteil: Es hat die Ökonomie auf den gesamten Planeten ausgedehnt, aber es doch geschafft, von ihr nicht gänzlich angesteckt zu werden. Mit der Ökonomisierung ist es wie mit der Modernisierung: Sie ist ein Exportgift, gegen das sich die Europäer mittels subtiler Gegengifte in Maßen zu immunisieren wussten.

Seine Grenzen sind nicht eindeutig? Ihr wisst nicht, wo es aufhört? Aber von welchem irdischen Organismus lässt sich zweifelsfrei sagen, wo er anfängt und wo er aufhört? Europa ist auf seine Weise welthaft, wie alle Erdverbundenen.

Offenbar bezeichnen andere Kulturen es als »dekadent« und setzen ihm ihre eigenen Lebensformen entgegen: Mögen diese sich Demokratie versagenden Völker ihre Tugenden doch einmal erweisen – und dann sollen die anderen urteilen.

Nun ergreift Europa also erneut den Faden seiner Geschichte. Es wollte die Welt in Gänze sein. Es hat einen ersten Selbstmordversuch unternommen. Dann einen zweiten. Fast wären beide gelungen. Dann glaubte es, der Geschichte entkommen zu können, indem es unter dem Schirm Amerikas Schutz suchte. Dieser gleichermaßen moralische wie atomare Schirm wurde zusammengefaltet. Jetzt steht Europa allein und schutzlos da. Dies ist genau der Augenblick, wieder in die Geschichte einzutreten, ohne sich einzubilden, sie zu beherrschen.[112]

Europa ist eine Provinz? Nun gut, genau das aber wird doch gebraucht: ein lokales, warum nicht provinzielles Experiment dazu, was es heißt, eine Erde *nach* der Modernisierung zu bewohnen, *zusammen mit jenen*, die die Modernisierung endgültig von ihrem Mutterboden vertrieben hat.

Wie zu Beginn seiner Geschichte greift es die Frage der Universalität wieder auf, hält sich dieses Mal aber zurück und zwingt nicht überstürzt aller Welt seine ureigenen Vorurteile auf. Nichts Besseres als ein Alter Kontinent, um sich aufs Neue zu fragen, was gemeinsam ist, und zitternd wahrzunehmen, dass die universelle Lage darin besteht, in den Ruinen der Modernisierung zu leben und wie ein Blinder tastend nach einer Wohnstätte zu suchen.

Die Frage nach einer gemeinsamen Welt zu einem Zeitpunkt wieder aufgreifen, da sich unerwartet der Rückfall in die Barbarei vollzieht, da jene, die einst den »Westen« ausmachten, die bloße Vorstellung aufgegeben haben, eine Weltordnung zu bilden, wäre das nicht eine positivere Version seiner jahrtausendealten Geschichte?

Die ERDE, die Europa als GLOBUS ergreifen wollte, bietet sich ihm erneut als das TERRESTRISCHE an, *dank einer zweiten Chance, die Europa eigentlich nicht verdient hat*. Sie passt gut zu dieser Weltregion, die für die Geschichte der ökologischen Entfesselung schließlich am meisten verantwortlich ist. Noch eine Schwäche, die ihr zum Vorteil gereichen kann.

Wie ist daran zu zweifeln, dass es zur Heimat derer werden kann, die festen Boden suchen? »Europäer ist, wer es sein will.« Ich möchte stolz auf Europa sein, auf dieses runzelige, vernarbte Europa, ich möchte es mein Land nennen können – ihr Refugium.

Ich bin damit am Ende. Jetzt können Sie, wenn Sie möchten, sich vorstellen, damit wir ein wenig erfahren, wo Sie landen, wo Sie sich erden wollen und mit wem Sie bereit sind zusammenzuleben.

Eine erste Fassung des vorliegenden Textes wurde vielfach und detailreich kommentiert von Alexandra Arènes (der ich die Abbildungen verdanke), Pierre Charbonnier, Deborah Danowski, Gérard de Vries, Maÿlis Dupont, Jean-Michel Frodon, François Gemenne, Jacques Grinevald, Émilie Hache, Graham Harman, Chantal Latour, Anne Le Strat, Baptiste Morizot, Dominique Pestre, Isabelle Stengers und Clara Soudan. Ich habe versucht, alle Hinweise zu berücksichtigen.

Einige Abschnitte basieren auf den Beiträgen »L'Europe seule. Seule l'Europe« (in: *La Politique est à nous*, herausgegeben von Benoît Hamon, Yannick Jadot und Michel Wieviorka, Paris: Robert Laffont 2017, S. 269-276) und »Refugium Europa« (in: *Die große Regression. Eine internationale Debatte über die geistige Situation der Zeit*, herausgegeben von Heinrich Geiselberger, Berlin: Suhrkamp 2017, S. 135-148) sowie den Zeitungsartikeln »Propositions pour recaler nos GPS politiques« (in: *Libération*, 3. Februar 2016) und »Comment ne pas se tromper sur Trump« (in: *Le Monde*, 13. Dezember 2016).

Ein Teil der diesem Buch zugrunde liegenden Forschungsarbeiten wurde im Rahmen des Projekts »Politiques de la terre à l'époque de l'anthropocène«, USPC-Sciences Po, durchgeführt.

Anmerkungen

1 Ausspruch vom Schwiegersohn Donald Trumps, zitiert von Sarah Vowell, »The danger of an incurious president«, in: *The New York Times* (9. August 2017), online verfügbar unter: {https://www.nytimes.com/2017/08/09/opinion/trump-fire-fury-north-korea.html} (Stand Januar 2018).

2 Francis Fukuyama, *Das Ende der Geschichte. Wo stehen wir?*, aus dem Englischen von Helmut Dierlamm, München: Kindler 1992.

3 Der Ausdruck Neues Klimaregime wird entwickelt in Bruno Latour, *Kampf um Gaia. Acht Vorträge über das Neue Klimaregime*, aus dem Französischen von Achim Russer und Bernd Schwibs, Berlin: Suhrkamp 2017.

4 Die Katholiken haben alles unternommen, um die Verbindung zwischen Armut und ökologischer Katastrophe zu ignorieren, die doch in der Enzyklika von Papst Franziskus *Laudato Si!* in aller Klarheit angesprochen wird; der Text der Enzyklika ist online verfügbar unter: {http://w2.vatican.va/content/francesco/de/encyclicals/documents/papa-francesco_20150524_enciclica-laudato-si.html} (Stand Januar 2018).

5 Sogar Präsident Macron, der dieser Frage eigentlich gleichgültig gegenübersteht, fühlte sich derart in der Pflicht, sich ihrer anzunehmen, dass er die Formel #MakeOurPlanetGreatAgain propagierte.

6 Dina Ionesco, Daria Mokhnacheva und François Gemenne, *Atlas des migrations environnementales*, Paris: Presses de Sciences Po 2016.

7 Die Klimaschutzbeiträge der Staaten (im Jargon der Vereinten Nationen »intended nationally determined contributions« genannt) wurden für das Pariser Treffen (COP 21) vorbereitet; siehe dazu {https://www.bmub.bund.de/themen/klima-energie/klimaschutz/internationale-klimapolitik/pariser-abkommen/#c8539} (Stand Januar 2018).

8 Die Wendung »lernen, in den Ruinen zu leben« stammt aus dem ganz wichtigen Buch von Anna Lowenhaupt Tsing, *Der Pilz am Ende der Welt: Über das Leben in den Ruinen*, aus dem Englischen von Dirk Höfer, Berlin: Matthes & Seitz 2018. Übernommen und an weiteren Beispielen entfaltet wurde das Argument in *Arts of Living on a Damaged Planet: Ghosts and Monsters of the Anthropocene*, herausgegeben von Anna Lowenhaupt Tsing, Nils Burandt, Elaine Ganet und Heather Anne Swanson, Minneapolis: University of Minnesota Press 2017.

9 Die Idee der Modernisierungsfront und wie diese die politischen Emotionen aufteilt, ist weiter entfaltet in Bruno Latour, *Wir sind nie modern gewesen. Versuch einer symmetrischen Anthropologie*, aus dem Französischen von Gustav Roßler, Berlin: Suhrkamp 2015.

10 Karl Polanyi, *The Great Transformation: Politische und ökonomische Ursprünge von Gesellschaften und Wirtschaftssystemen*, aus dem Englischen von Heinrich Jelinek, Frankfurt am Main: Suhrkamp 1995 [1944].

11 »Erde« entspricht dem traditionellen Rahmen menschlichen Handelns (Menschen in der Natur) und »ERDE« einer Wirkmacht, der man, da sie noch nicht vollständig institutionalisiert ist, so etwas wie eine politische Funktion zuerkennt.

12 Vgl. dazu u. a. Spencer Weart, *The Discovery of Global Warming*, Cambridge, MA: Harvard University Press 2003.

13 Jean-Baptiste Fressoz, *L'Apocalypse joyeuse. Une histoire du risque technologique*, Paris: Seuil 2012.

14 Naomi Oreskes und Erik M. Conway, *Die Machiavellis der Wissenschaft. Das Netzwerk des Leugnens*, aus dem Englischen von Hartmut S. und Anna-Maria Leipner, Weinheim: Wiley-VCH 2010.

15 Die Datierung ist sicher sehr vage, aber widerspricht nicht den Daten von Thomas Piketty, *Das Kapital im 21. Jahrhundert*, aus dem Französischen von Ilse Utz und Stefan Lorenzer, München: C. H. Beck 2016.

16 Für ein erstaunliches psychologisches Porträt des Eigners der Titanic, der den Untergang überlebte, empfiehlt sich Frances Wilson, *How to Survive the Titanic. Or The Sinking of J. Bruce Ismay*, New York: Harper 2012.

17 David Kaiser und Lee Wasserman, »The Rockefeller family fund vs. Exxon«, in: *New York Review of Books* (8. Dezember 2016), online verfügbar unter: {http://www.nybooks.com/articles/2016/12/08/the-rockefeller-family-fund-vs-exxon/}; dies., »The Rockefeller family fund takes on ExxonMobil«, in: *New York Review of Books* (22. Dezember 2016), online verfügbar unter: {http://www.nybooks.com/articles/2016/12/22/rockefeller-family-fund-takes-on-exxon-mobil/}; Geoffrey Supran und Naomi Oreskes, »Assessing ExxonMobil's climate change communications (1977-2014)«, in: *Environmental Research Letters* 12 (2017), online verfügbar unter: {http://iopscience.iop.org/article/10.1088/1748-9326/aa815f} (alle Stand Januar 2018).

18 Evan Osnos, »Doomsday prep for the super-rich«, in: *The New Yorker* (30. Januar 2017), online verfügbar unter: {https://www.newyorker.com/magazine/2017/01/30/doomsday-prep-for-the-super-rich} (Stand Januar 2018).

19 Wie Luc Boltanski richtig gesehen hat, besteht das Problem mit den Theorien des Komplotts darin, dass sie manchmal völlig der Realität entsprechen (Luc Boltanski, *Rätsel und Komplotte. Kriminalliteratur, Paranoia, moderne Gesellschaft*, aus dem Französischen von Christine Pries, Berlin: Suhrkamp 2013). Man ist versucht, es zu glauben, wenn man das neue Buch von Nancy MacLean liest, *Democracy in Chains. The Deep History of the Radical Right's Stealth Plan for America*, London: Penguin Random House 2017.

20 Dominique Pestre, *Introduction aux Science Studies*, Paris: La Découverte 2006; zu einer Darstellung und pädagogischen Zusammenfassung Bruno Latour, *Cogitamus*, aus dem Französischen von Bettina Engels und Nikolaus Gramm, Berlin: Suhrkamp 2016.

21 James Hoggan, *Climate Cover-Up. The Crusade to Deny Global Warming*, Vancouver: Greystone Books 2009.

22 Naomi Oreskes und Erik M. Conway, *Vom Ende der Welt. Chronik eines angekündigten Untergangs*, aus dem Englischen von Gabriele Gockel, München: Oekom 2015.

23 Was nicht heißt, dass die Kommentatoren sich dessen bewusst wären. In einem Buch mit Manifestcharakter, das in zwölf Sprachen veröffentlicht wurde und das zusammenfasst, was Intellektuelle zur »Großen Regression« zu sagen haben – mit anderen Worten die Verblüffung, die sie angesichts des »Aufstiegs des Populismus« empfinden –, dreht sich ein einziges Kapitel, das meine, um diese Frage: Heinrich Geiselberger (Hg.), *Die große Regression. Eine internationale Debatte über die geistige Situation der Zeit*, Berlin: Suhrkamp 2017.

24 Vgl. die Website der Singularity University: {su.org} (Stand Januar 2018).

25 Das vermehrte Auftreten, sowohl links wie rechts, von schrillen Forderungen, sich an eine erkennbare Identität zu halten und Politik als Verbundenheit mit nicht verhandelbaren Werten zu definieren, zeigt, dass der zweite Pol, der des GLOBALEN, nicht mehr jene Anziehung ausübt, die solche Werte in ein Universalitätsprojekt zu vereinigen erlaubte.

26 Ich danke Jean-Michel Frodon für diesen Hinweis zum Film *Sully* aus dem Jahr 2016.

27 Ein Text von Eric Hazan und Julien Coupat in *Libération* vom 24. Januar 2016 belegt sehr schön, dass es nicht mehr darum geht, sich dem traditionellen Vektor zu beugen: »Wir wollen Stück für Stück eine *Absetzung* aller Aspekte des gegenwärtigen Daseins einleiten. Diese letzten Jahre haben uns hinreichend bewiesen, dass es dafür überall Verbündete gibt. Es gilt, all das *wieder auf die Erde zurückzuführen und wieder in die Hand zu nehmen*, woran unser

Leben *hängt* und was sich fortwährend zu entziehen sucht. Wir bereiten keinen Sturmangriff vor, sondern eine Bewegung der steten *Substraktion*, die wache, sanfte und methodische Zerstörung jeder Politik, die *über* der sinnlich gegebenen Welt *schwebt.*« Die Kursivierungen sind von mir (BL). Diese *Absetzung*, Destitution – das Wort *Wiedereinsetzung*, Restitution wäre richtiger – wäre eine brauchbare Übersetzung des englischen *reclaim.*

28 Anders als das konservative Denken, wie es sich etwa im Artikel von Jeremy W. Peters niederschlägt: »They're building a Trump-centric movement. But don't call it trumpism«, in: *The New York Times* (5. August 2017), online verfügbar unter: {https://www.nytimes.com/2017/08/05/us/politics/building-a-trump-centric-intellectual-movement-trumpism.html} (Stand Januar 2018).

29 Seit Ende des 20. Jahrhunderts ist die Klimafrage für das Selbstverständnis der Republikaner ein ebenso zentrales Thema geworden wie die Abtreibung und der Antidarwinismus. Scott Pruitt, der von Trump eingesetzte Direktor der Umweltschutzbehörde EPA, folgt mit seiner Strategie, alle die Klimafrage betreffenden Erkenntnisse auszulöschen, einer weitaus kohärenteren Politik als sein Präsident.

30 Mit der interessanten Neuerung, dass die Feuerkraft nicht nur die der Atomwaffen ist, sondern, je nach Modell, die der Klimaerwärmung um +3,5 Grad, einige sprechen sogar von +5, +7, ja von +8 Grad …

31 Das Thema der Geogeschichte wurde mit einem berühmten Artikel von Dipesh Chakrabarty eingeführt, »The climate of history: Four theses«, in: *Critical Enquiry* 35 (Winter 2009), S. 197-222.

32 Émilie Hache, *Reclaim. Recueil de textes écoféministes*, Paris: Cambourakis 2016.

33 Diese Figur eines neu lernenden modernen Geistes hat Michel Tournier mit seinem Crusoe gezeichnet, dem Freitag geduldig beibringen muss, wie er sich auf seiner Insel zu verhalten hat, damit er hier nicht wie früher ein Fremder ist. Eine weitere Umkehrung der Bande zwischen Eigentümer und Eigentum, und so umfassend, dass Crusoe am Ende beschließt, auf der Insel Speranza zu bleiben! Michel Tournier, *Freitag oder Im Schoß des Pazifik*, aus dem Französischen von Herta Osten, Reinbek bei Hamburg: Rowohlt 1971.

34 Clive Hamilton, Christophe Bonneuil und François Gemenne, *The Anthropocene and the Global Environment Crisis: Rethinking Modernity in a New Epoch*, London: Routledge 2015.

35 Eine bemerkenswerte Darstellung in Timothy Lenton, *Earth System Science*, Oxford: Oxford University Press 2016.

36 Woraus sich der heftige Streit um Wiederkehr oder Nichtwieder-

kehr der Figur des Menschen als Hauptakteur erklärt. Um zwei Extreme zu nennen: Donna Haraway, *Staying with the Trouble: Making Kin in the Chthulucene*, Durham, NC: Duke University Press 2016; Clive Hamilton, *Defiant Earth. The Fate of Humans in the Anthropocene*, Cambridge: Polity Press 2017.

37 Ich danke Aurélien Gamboni und Sandrine Tuxeido für den Einfall, diese Verbindung zwischen Poe und der Klimakrise herzustellen.

38 Siehe Serge Audier, *La Société écologique et ses ennemis. Pour une histoire alternative de l'émancipation*, Paris: La Découverte 2017, zu der Frage, wie lange bereits Anliegen bestehen, die wir nachträglich als »ökologisch« bezeichnen – was darauf hinausläuft, vor allem die Traditionen der Romantik zu erforschen.

39 Siehe den Bericht der NGO Global Witness, »On dangerous ground«, online verfügbar unter: {https://www.globalwitness.org/documents/18482/On_Dangerous_Ground.pdf} (Stand Januar 2018).

40 Bruno Karsenti und Cyril Lemieux räumen in ihrem Buch *Socialisme et sociologie*, Paris: Éditions de l'EHESS 2017, am Ende vorsichtig ein, dass die Ökologie einiges zu einer »Gesellschaft« sagen könnte, die zu erweitern vielleicht sogar Durkheim zugestimmt hätte …

41 Zu allen diesen Punkten gilt mein Dank Anne Le Strat, die ihre Erfahrungen als Abgeordnete und Beraterin mit mir geteilt hat.

42 Von Blair bis Macron. Aber auch, seriöser, in der Gesellschaftstheorie. Siehe Anthony Giddens, *Beyond Left and Right: The Future of Radical Politics*, Cambridge: Polity Press 1994.

43 Im Französischen *l'hémicycle mentale*: Als *hémicycle* wird auch der Plenarsaal der französischen Nationalversammlung bezeichnet; Anmerkung des Übersetzers.

44 Aus Sicht von Gilles Deleuze ist diese Differenz denn auch naturgegeben und alles andere als kontingent.

45 Das ist das Problem der vom Thema des nachlassenden Wachstums ausgelösten Affekte. Aus der Perspektive der Modernen ist weniger Wachstum ohne Regression nicht zu haben. Oder man verändert die Perspektive. Wobei es dann wichtig wird, andere Begriffe vorzuschlagen, etwa *Prosperität*, wie Maÿlis Dupont es zur Diskussion stellt. Auch wenn man keine Fortschritte macht, kann man doch längs des neuen Vektors hoffen, zu *prosperieren*.

46 Dank an Pierre Charbonnier, dass er die Wichtigkeit dieser Kontinuität hervorgehoben hat. Die folgenden Abschnitte verdanken seiner neuen laufenden Arbeit viel. Siehe auch Pierre Charbonnier, Bruno Latour und Baptiste Morizot, »Redécouvrir la terre«, in: *Tracés. Revue de Sciences Humaines* 33 (2017), S. 227-252.

47 Anna Tsing schlägt ein besseres Schema vor. Anders als beim hier vorgelegten wird ein beliebiges Streitobjekt als zwischen den vier Attraktoren hin- und hergerissen dargestellt. Das wäre sicher sehr viel realistischer, aber auch schwieriger, zeichnerisch wiederzugeben. Mündliche Mitteilung, Aarhus, Juni 2016.

48 Bruno Latour und Peter Weibel (Hg.), *Making Things Public: Atmosphären der Demokratie*, Karlsruhe: ZKM Karlsruhe 2005.

49 Noortje Marres, *Material Participation: Technology, the Environment and Everyday Publics*, London: Palgrave 2012. Marres verdanken wir den schönen Slogan: »No issue, no politics.«

50 Polanyi, *The Great Transformation.*

51 Die Schwierigkeiten der Soziologen des Sozialen, die Soziologie der (auch Netzwerk-Akteure genannten) Assoziationen einzuordnen, bildet im kleinen Maßstab eine nahezu perfekte Parallele zur Langsamkeit, mit der die sozialistischen Bewegungen sich fragen, wie sie mit den ökologischen Themen umgehen sollen. Erinnern wir daran, dass »kollektiv« den Terminus »sozial« ersetzen kann, indem die Palette der so zu einem »Kollektiv« versammelten Assoziationen erweitert wird.

52 Der Ausdruck signalisiert die exponentielle Zunahme des Abdrucks der menschlichen Aktivität auf dem Planeten, die nach übereinstimmender Ansicht der Experten nach dem Zweiten Weltkrieg beginnt. Das ist, wenn man will, die dystopische Version der »trentes glorieuses«, also der dreißig wirtschaftlich »glorreichen« Nachkriegsjahre in Frankreich und den anderen Industriestaaten. Will Steffen, Wendy Broadgate, Lisa Deutsch, Owen Gaffney und Cornelia Ludwig, »The trajectory of the anthropocene: The great acceleration«, in: *The Anthropocene Review* (2015), S. 1-18.

53 Eine Blockade, die noch durch die unablässigen Klagen über das »Ende des revolutionären Geistes«, die Notwendigkeit, »neue Utopien zu entwerfen« oder »neue mobilisierende Mythen« vorzulegen, unterstrichen wird. So viele Verrenkungen, um auch weiterhin lautstark vom selben Geschichtsverlauf träumen zu können.

54 Pierre Charbonnier, »Le socialisme est-il une politique de la nature? Une lecture écologique de Karl Polanyi«, in: *Incidences* 11 (2015), S. 183-204.

55 Wir greifen hier das Problem auf, das Naomi Klein in ihrem Buch *Die Entscheidung. Kapitalismus vs. Klima*, aus dem Englischen von Christa Prummer-Lehmair, Sonja Schumacher und Gabriele Gockel, Frankfurt am Main: Fischer 2016, aufwirft, nämlich zu verstehen, warum sich so wenig aufgrund der Stabilität der politischen Bezugsgrößen ändert – und nicht zuletzt auch wegen der Erstarrung, die der Begriff des Kapitalismus erzeugt.

56 Oder aber es gelingt ihnen, sich von einem Modell zu befreien, das erneut die Frage naturalisiert. Das ist das Problem jeder biologischen Metapher, etwa »Stoffwechsel«. Deshalb ist es so wichtig, sich vorab mit den Naturbegriffen auseinanderzusetzen, um sicher zu sein, dass sie die Politik, die lanciert werden soll, nicht hintertreiben. Siehe Jason Moore, *Capitalism in the Web of Life: Ecology and the Accumulation of Capital*, New York: Verso 2015.

57 Timothy Mitchell, *Carbon Democracy: Political Power in the Age of Oil*, London u. a.: Verso Books 2011.

58 Trumps obsessives Eintreten für ein Zurück zur Kohle (*King Coal*) ist eine nahezu perfekte Illustration der neuen Geopolitik: eine erträumte rußverschmierte Utopie samt allen damit verbundenen sozialen Beziehungen innerhalb einer Erde, die es so nicht mehr gibt, und zu einer Zeit, die schon seit fünfzig Jahren Vergangenheit ist.

59 Ich greife mit dieser Unterscheidung auf Michel Lussaults *De la lutte des classes à la lutte des places*, Paris: Fayard 2009, zurück, allerdings, wie im Weiteren zu sehen sein wird, in etwas anderem Sinn. Ich gebe zu, dass in »geo-sozial« der Dualismus beibehalten ist und alle Last auf dem Bindestrich liegt. Das ist einer jener Fälle, in denen leider neuer Wein in alte Schläuche gegossen werden muss.

60 Anspielung auf den Titel eines Exkurses in de Sades *Philosophie im Boudoir*: »Français! Encore un effort, si vous voulez être Républicains« (»Franzosen, noch eine Anstrengung, wenn ihr Republikaner sein wollt«); Anm. d. Ü.

61 Baptiste L., »Nous ne défendons pas la nature, nous sommes la nature qui se défend«, in: *Reporterre* (4. November 2013), online verfügbar unter: {https://reporterre.net/Nous-ne-defendons-pas-la-nature} (Stand Januar 2018).

62 Bruno Latour, *Das Parlament der Dinge. Für eine politische Ökologie*, aus dem Französischen von Gustav Roßler, Frankfurt am Main: Suhrkamp 2001.

63 Darum dreht sich die ganze Arbeit von Timothy Mitchell (*Carbon Democracy*), nämlich dieses Umschwenken einer Wissenschaft von den Grenzen zu einer Wissenschaft vom Unbegrenzten begreiflich zu machen.

64 Seinen Kindern und Kindeskindern eine Welt zu überlassen, die weniger bewohnt ist als die, in der man selbst lebte? Mit der Vorstellung leben zu müssen, dass man selbst Akteur des sechsten Sterbens ist: Das sind einige der Sorgen, die alle ökologischen Fragen zu tragischen werden lassen.

65 Siehe dazu Edmund Husserls *Die Krisis der europäischen Wissenschaften und die transzendentale Phänomenologie*, Den Haag: Martinus Nijhoff 1962. Das Thema des unendlichen Universums ver-

weist auf Alexandre Koyrés klassisches Werk *Von der geschlossenen Welt zum unendlichen Universum*, aus dem Englischen von Rolf Dornbacher, Frankfurt am Main: Suhrkamp 1969 [1957].

66 Siehe das meisterhafte dreibändige Werk *L'Histoire des sciences et des savoirs*, das Dominique Pestre et al. bei Seuil (Paris: 2015) herausgegeben haben und dem es gelingt, die Universalitätsproduzenten historisch einzuordnen und vor allem geografisch zu lokalisieren.

67 Isabelle Stengers, *L'Invention des sciences modernes*, Paris: La Découverte 1993.

68 Isabelle Stengers, *La Vierge et le Neutrino*, Paris: Les Empêcheurs de penser en rond 2005.

69 Das Paradox liegt darin, dass eine Maschine keineswegs den Prinzipien des Mechanismus gehorcht, die eine Form von Idealismus bleiben. Das Thema hat Gilbert Simondon entfaltet: *Du mode d'existence des objets techniques*, Paris: Aubier 1958.

70 Didier Debaise, *L'Appât des possibles. Reprise de Whitehead*, Dijon: Presses du Réel 2015, vermittelt eine besonders erhellende Sicht der philosophischen Geschichte dieses Auseinanderfallens.

71 Von daher der häufig missverstandene Titel des von Émilie Hache herausgegebenen Buchs *De l'univers clos au monde infini*, Bellevaux: Éditions Dehors 2014. Unendlich ist die Welt aufgrund ihrer Falten und Knicke; ihr gegenüber ist das Universum, wie umfänglich auch immer, geschlossen. (Der Titel spielt auf Alexandre Koyrés Klassiker *Von der geschlossenen Welt zum unendlichen Universum* an und ließe sich mit *Vom geschlossenen Universum zur unendlichen Welt* übersetzen, bisher ist der Band jedoch nicht in deutscher Übersetzung erschienen; Anm. d. Ü.)

72 »Naturalistisch« hat in Philippe Descolas *Jenseits von Natur und Kultur*, aus dem Französischen von Eva Moldenhauer, Berlin: Suhrkamp 2011, seine kanonische Definition erfahren.

73 Siehe Silvia Federici, *Caliban et la sorcière. Femmes, corps et accumulation primitive*, Marseille: Entremonde 2014, sowie den bereits erwähnten Sammelband von Émilie Hache.

74 Dieses obsessive Fokussieren des reaktionären Denkens auf die Risiken der Migrationen: dass ein alteingesessenes Volk durch ein fremdes Volk ersetzt würde. Wie alle Obsessionen symbolisiert und verschiebt auch diese das Vorhandensein eines anderen Phänomens, eines anderen großen Austauschs: den Wechsel des Bodens. (Der Ausdruck »Grand Remplacement« [»Große Ersetzung«, »Große Auswechslung«, »Großer Austausch«] als Bezeichnung für die »Überfremdung« Europas wurde von dem den französischen Rechtsextremen zuzurechnenden Romancier und Essayisten Renaud Camus in die Debatte gebracht; Anm. d. Ü.)

75 Was das Bemühen erklärt, den Kontrast zwischen Planet und TERRESTRISCHEM kartografisch sichtbar zu machen, etwa in dem Projekt von Frédérique Ait-Touati, Alexandra Arènes und Axelle Grégoire, *Terra Forma* (im Erscheinen).

76 Woraus sich die Wichtigkeit des weniger häufig rezipierten zweiten Teils des bereits erwähnten Buchs *Jenseits von Natur und Kultur* von Descola über die Beziehungsmodi erklärt, siehe insbesondere die Abschnitte über die Produktion.

77 Eine abrupte Blickänderung, die uns Nastassja Martin, *Les Âmes sauvages. Face à l'Occident, la résistance d'un peuple d'Alaska*, Paris: La Découverte 2016, ebenso begierig lesen lässt wie die faszinierende Lowenhaupt Tsing, *Der Pilz am Ende der Welt.*

78 Sébastien Dutreuil, *Gaïa. Hypothèse, programme de recherche pour le système terre, ou philosophie de la nature?*, Paris, Dissertation (2016), eingereicht an der Université de Paris-I, die in Kürze bei La Découverte erscheint. Siehe auch Latour, *Kampf um Gaia. Acht Vorträge über das Neue Klimaregime*, sowie Timothy Lenton, *Earth System Science.*

79 James Lovelock, *Gaia: Die Erde ist ein Lebewesen*, aus dem Englischen von Jochen Eggert und Marcus Würmli, Bern u. a.: Scherz Verlag 1992 [1979].

80 Die positive Rezeption, die Alexander von Humboldt wieder erfährt, ist Symptom für diesen gleitenden Wechsel zu anders konzipierten Wissenschaften von der ERDE; siehe den Bestseller von Andrea Wulf, *Alexander von Humboldt und die Erfindung der Natur*, aus dem Englischen von Hainer Kober, München: Bertelsmann 2016.

81 Diese Art von metaphorischem Beamen ist gut in den Argumenten sichtbar, die Deborah Danowski und Eduardo Vivieros de Castro in ihrem Beitrag entwickeln, »L'arrêt du monde«, in: Hache (Hg.), *De l'univers clos au monde infini.*

82 Der Begriff der »critical zone« bzw. »Kritischen Zone« wird von einem Netzwerk von Forschern der Geowissenschaften zur Bezeichnung jener feinen Schicht an der Erdoberfläche – im Gegensatz zur Zone darüber wie zur Tiefengeologie darunter – verwendet, an der das Leben die Atmosphäre und die Geologie radikal verändert hat. (Siehe dazu die Definition des Deutschen Geoforschungszentrums, online verfügbar unter: {https://www.gfz-potsdam.de/sektion/geochemie-der-erdoberflaeche/projekte/critical-zone/} [Stand Januar 2018]; Anm. d. Ü.)

83 Ein Großteil der Arbeit Isabelle Stengers' besteht darin, diese Disqualifizierung zu bremsen, ohne gleichzeitig die Wichtigkeit der Wissenschaften zu mindern: was sie »zivilisieren« nennt. Siehe kürzlich erschienen Isabelle Stengers, *Civiliser la modernité? White-*

head et les ruminations du sens commun, Dijon: Les Presses du Réel 2017.

84 Edwin Zaccai, François Gemenne und Jean-Michel Decroly, *Controverses climatiques, sciences et politiques*, Paris: Presses de Sciences Po 2012. Popularisiert wurde die Idee einer absichtlichen Produktion von Ignoranz am Beispiel der Tabakindustrie von Robert N. Proctor, *Golden Holocaust: Origins of the Cigarette Catastrophe and the Case for Abolition*, Berkeley: University of California Press 2012.

85 »Die kommunistische Frage ist schlecht gestellt, in erster Linie deshalb, weil sie als *soziale Frage* gestellt wurde, das heißt als *strikt menschliche*. Dennoch erschüttert sie weiterhin die Welt« (Comité invisible, *Maintenant*, Paris: La Fabrique 2017, S. 127).

86 Will Steffen et al., »Planetary boundaries: Guiding human development on a changing planet«, in: *Science* (13. Februar 2015), online verfügbar unter: {http://science.sciencemag.org/content/347/6223/1259855} (Stand Januar 2018).

87 Diese als intentional und unmittelbar geopolitisch erkannte Macht gewinnt im Mythos der Republikaner, wonach die Klimawissenschaft ein sozialistisches oder chinesisches Komplott zur Herrschaft über die Vereinigten Staaten sei, konkrete Gestalt. Was zeigt, dass die Verfechter einer alternativen Realität durchaus in der Lage sind, recht präzise die Realität zu bezeichnen, mit der sie konfrontiert sind.

88 Hamilton, *Defiant Earth*.

89 Im Original deutsch; Anm. d. Ü.

90 Blaise Pascal, *Gedanken über die Religion und einige andere Themen*, aus dem Französischen von Ulrich Kunzmann, Stuttgart: Reclam 1997, S. 131; Anm. d. Ü.

91 Der Erfolg jener Bücher, die die Wirkfähigkeit derart unterschiedlicher Wesen wie Wälder, Magenbakterien, Schimpansen, Pilze oder Böden aufdecken, zeugt von der großen Wende, die in der Definition dessen, was wirkt, vollzogen wurde. Initiiert wurde dieser Paradigmenwechsel durch Vinciane Despreta. Siehe insbesondere ihr Buch, *Que diraient les animaux si on leur posait les bonnes questions?*, Paris: Les Empêcheurs de penser en rond/La Découverte 2012.

92 Weshalb die Philosophie des Organismus so wichtig ist, die von Whitehead erarbeitet und von Isabelle Stengers, *Penser avec Whitehead. Une libre et sauvage création de concepts*, Paris: Seuil 2002, weiterentwickelt wurde.

93 Den Begriff hat Emanuele Coccia vorgeschlagen, *La Vie des plantes. Une métaphysique du mélange*, Paris: Payot 2016.

94 Michel Callon, *L'Emprise des marchés. Comprendre leur fonctionnement pour pouvoir les changer*, Paris: La Découverte 2017.
95 Polanyi, *The Great Transformation.*
96 In gewissem Sinn stoßen wir hier auf das alte Wort »loi«, »Gesetz«, so wie es Montesquieu verstand, der es übrigens explizit mit dem Begriff »Klima« verband, ein Terminus, der seinerseits falsch verstanden wurde, bis das Neue Klimaregime uns zwang, so etwas wie den *Geist der Gesetze der Natur* zu schreiben. Dieser Gedanke verdankt viel Gerard de Vries' Interpretation von Montesquieu.
97 Woraus der befremdliche Eindruck erwächst, wenn man am 14. Juli 2017 Macron und Trump gemeinsam bei der Truppenparade auf den Champs-Élysées salutieren sieht.
98 Wie es viele taten, nachdem sie den Dokumentarfilm *Demain* aus dem Jahr 2015 von Cyril Dion und Mélanie Laurent gesehen hatten.
99 Der bereits erwähnte Text *Maintenant* vom Comité invisible, der zugleich revolutionär und gespickt ist mit christlicher Spiritualität, bietet als praktische Lösung, um sich an die Spitze der Demonstration zu stellen, lediglich das »Bullen klatschen«.
100 Wie man sich erinnern wird, endete das Projekt von Michael Hardt und Antonio Negri, *Empire. Die neue Weltordnung*, aus dem Englischen von Thomas Atzert und Andreas Wirthensohn, Frankfurt am Main/New York: Campus 2002, kurioserweise mit einem Loblied auf Franz von Assisi.
101 Siehe die einschlägigen Bücher von Starhawk (= Miriam Simos; Anm. d . Ü.).
102 Zur Investition in das wundervolle Projekt von Marc Roberter und seiner Gruppe siehe den Artikel von Heng Rao, Luciana C. Schmidt, Julien Bonin und Marc Robert, »Visible-light driven methane formation from CO_2 with a molecular iron catalyst«, in: *Nature* (17. Juli 2017).
103 Entsprechend dem Projekt von Baptiste Morizot, *Les Diplomates. Cohabiter avec les loups sur une nouvelle carte du vivant*, Marseille: Éditions Wildproject 2016.
104 Siehe Marie Cornu, Fabienne Orsi und Judith Rochfeld (Hg.), *Dictionnaire des biens communs*, Paris: PUF 2017.
105 Hannah Landecker, »Antibiotic resistance and the biology of history«, in: *Body and Society* (2015), S. 1-34. Ich danke Charlotte Brives, dass sie mich auf diesen verblüffenden Artikel aufmerksam gemacht hat.
106 Donna Haraway, *Das Manifest für Gefährten. Wenn Spezies sich begegnen – Hunde, Menschen und signifikante Andersartigkeit*, aus dem Englischen von Jennifer Sophia Theodor, Berlin: Merve 2016.

107 Ich danke den Teilnehmern der Vorerhebungen in Mielle, Chatelperron und Dompierre-sur-Besbre für die praktische Erneuerung der Beschreibung ihres Territoriums.

108 Philippe Grateau, *Les Cahiers de doléances. Une lecture culturelle*, Rennes: Presses universitaires de Rennes 2001.

109 Dipesh Chakrabarty, *Europa als Provinz. Perspektiven postkolonialer Geschichtsschreibung*, aus dem Englischen von Robin Cackett, Frankfurt am Main/New York: Campus 2010.

110 Peter Sloterdijk, *Falls Europa erwacht. Gedanken zum Programm einer Weltmacht am Ende des Zeitalters ihrer politischen Absence*, Frankfurt am Main: Suhrkamp 2002.

111 Ein Terminus, der in einem anderen Sinn von Ulrich Beck, Anthony Giddens und Scott Lash eingebracht wurde: *Reflexive Modernisierung*, Frankfurt am Main: Suhrkamp 1996.

112 Was Angela Merkel am 28. Mai 2017, einen Tag nach der Ankündigung Trumps, das Pariser Abkommen zu verlassen, sehr schön ausgedrückt hat: »Wir Europäer müssen unser Schicksal in unsere eigene Hand nehmen« (»Angela Merkel: ›Wir Europäer müssen unser Schicksal in unsere eigene Hand nehmen‹«, in: *Handelsblatt* [28. Mai 2017], online verfügbar unter: {http://www.handelsblatt.com/politik/deutschland/angela-merkel-wir-europaeer-muessen-unser-schicksal-in-unsere-eigene-hand-nehmen/19861340.html} [Stand Januar 2018]).

edition suhrkamp
Eine Auswahl

Bini Adamczak. Beziehungsweise Revolution. 1917, 1968 und kommende. es 2721. 313 Seiten

Giorgio Agamben et al. Demokratie? Eine Debatte. es 2611. 137 Seiten

Scott Anderson. Zerbrochene Länder. Wie die arabische Welt aus den Fugen geriet. es-Sonderdruck. 263 Seiten

Wolfgang Bauer. Über das Meer. Mit Syrern auf der Flucht nach Europa. es-Sonderdruck. 133 Seiten

Zygmunt Bauman
- Die Angst vor den anderen. Ein Essay über Migration und Panikmache. es-Sonderdruck. 124 Seiten
- Retrotopia. es-Sonderdruck. 220 Seiten

Michael Butter. »Nichts ist, wie es scheint«. Über Verschwörungstheorien. es-Sonderdruck. 270 Seiten

Colin Crouch
- Postdemokratie. es 2540. 159 Seiten
- Das befremdliche Überleben des Neoliberalismus. Postdemokratie II. es-Sonderdruck. 247 Seiten

Matthias Dusini / Thomas Edlinger. In Anführungszeichen. Glanz und Elend der Political Correctness. es 2645. 297 Seiten

NF 383/1/2.18

Didier Eribon
- Gesellschaft als Urteil. Klassen, Identitäten, Wege. es- Sonderdruck. 264 Seiten
- Rückkehr nach Reims. es-Sonderdruck. 237 Seiten

Mischa Gabowitsch. Putin kaputt!? Russlands neue Protestkultur. es 2661. 438 Seiten

Heinrich Geiselberger (Hg.). Die große Regression. Eine internationale Debatte über die geistige Situation der Zeit. es-Sonderdruck. 318 Seiten

Mark Greif. Bluescreen. Essays. es 2629. 231 Seiten

Jürgen Habermas. Im Sog der Technokratie. Kleine politische Schriften XII. es 2671. 193 Seiten

Paul-Philipp Hanske / Benedikt Sarreiter. Neues von der anderen Seite. Die Wiederentdeckung des Psychedelischen. es-Sonderdruck. 327 Seiten

David Harvey. Rebellische Städte. es 2657. 283 Seiten

Axel Honneth. Vivisektionen eines Zeitalters. Porträts zur Ideengeschichte des 20. Jahrhunderts. es 2678. 307 Seiten

Eva Illouz. Israel. Soziologische Essays. es 2683. 228 Seiten

François Jullien. Es gibt keine kulturelle Identität. es 2718. 95 Seiten

Thomas Kapielski
- Je dickens, destojewski. Ein Volumenroman. es 2694. 455 Seiten
- Sezessionistische Heizkörperverkleidungen. es 2680. 214 Seiten

NF 383/2/2.18

Cornelia Koppetsch / Sarah Speck. Wenn der Mann kein Ernährer mehr ist. Geschlechterkonflikte in Krisenzeiten. es 2701. 296 Seiten

Ivan Krastev. Europadämmerung. Ein Essay. es 2712. 143 Seiten

Benjamin Kunkel. Utopie oder Untergang. Ein Wegweiser für die gegenwärtige Krise. es 2687. 245 Seiten

Philipp Lepenies. Die Macht der einen Zahl. Eine politische Geschichte des Bruttoinlandsprodukts. es 2673. 186 Seiten

Steffen Mau. Das metrische Wir. Über die Quantifizierung des Sozialen. es-Sonderdruck. 307 Seiten

Markus Metz / Georg Seeßlen
- Blödmaschinen. Die Fabrikation der Stupidität. es 2609. 780 Seiten
- Geld frisst Kunst – Kunst frisst Geld. Ein Pamphlet. es 2675. 496 Seiten

Franco Moretti. Kurven, Karten, Stammbäume. Abstrakte Modelle für die Literaturgeschichte. es 2564. 138 Seiten

Chantal Mouffe. Agonistik. Die Welt politisch denken. es 2677. 214 Seiten

Jan-Werner Müller. Was ist Populismus? Ein Essay. es-Sonderdruck. 159 Seiten

Oliver Nachtwey. Die Abstiegsgesellschaft. Über das Aufbegehren in der regressiven Moderne. es 2682. 263 Seiten

NF 383/3/2.18

Sighard Neckel/Greta Wagner (Hg.). Leistung und Erschöpfung. Burnout in der Wettbewerbsgesellschaft. es 2666. 219 Seiten

Claus Offe. Europa in der Falle. es 2691. 188 Seiten

Miltiadis Oulios. Blackbox Abschiebung. Geschichte, Theorie und Praxis der deutschen Migrationspolitik. es-Sonderdruck. 483 Seiten

Volker Perthes. Das Ende des Nahen Ostens, wie wir ihn kennen. es-Sonderdruck. 143 Seiten

Heribert Prantl. Trotz alledem! Europa muss man einfach lieben. es-Sonderdruck. 93 Seiten

Katharina Raabe/Manfred Sapper (Hg.). Testfall Ukraine. Europa und seine Werte. es-Sonderdruck. 256 Seiten

Hanno Rauterberg
- Wir sind die Stadt! Urbanes Leben in der Digitalmoderne. es 2674. 156 Seiten
- Die Kunst und das gute Leben. Über die Ethik der Ästhetik. es 2696. 205 Seiten

César Rendueles. Soziophobie. Politischer Wandel im Zeitalter der Utopie. es 2690. 262 Seiten

Frank Schirrmacher (Hg.). Technologischer Totalitarismus. Eine Debatte. es-Sonderdruck. 282 Seiten

Ulrich Schmid. Technologien der Seele. Vom Verfertigen der Wahrheit in der russischen Gegenwartskultur. es 2702. 386 Seiten

NF 383/4/2.18

Michel Serres. Erfindet euch neu! Eine Liebeserklärung an die vernetzte Generation. Übersetzt von Stefan Lorenzer. es-Sonderdruck. 76 Seiten

Carlo Strenger
- Abenteuer Freiheit. Ein Wegweiser für unsichere Zeiten. es-Sonderdruck. 122 Seiten
- Zivilisierte Verachtung. Eine Anleitung zur Verteidigung unserer Freiheit. es-Sonderdruck. 103 Seiten

Kate Tempest
- Brand New Ancients/Brandneue Klassiker. Lyrik. es 2733. 103 Seiten
- Hold Your Own. Gedichte. es 2706. 227 Seiten

David Van Reybrouck. Zink. es-Sonderdruck. 86 Seiten

Kevin Vennemann. Sunset Boulevard. Vom Filmen, Bauen und Sterben in Los Angeles. es 2646. 184 Seiten

Raul Zelik. Der Eindringling. Roman. es 2658. 288 Seiten

Slavoj Žižek. Auf verlorenem Posten. es 2562. 319 Seiten

Gabriel Zucman. Steueroasen. Wo der Wohlstand der Nationen versteckt wird. Übersetzt von Ulrike Bischoff. es-Sonderdruck. 118 Seiten

NF 383/5/2.18